Plateformes

Aux enfants,

Direction éditoriale : Philippe Bultez Adams
Édition : Florence Devesa, Lucia Di Bisceglie
Imprimé en France sur les presses de l'imprimerie France Quercy,
sur Munken Print White 18, 80 g/m² d'Arctic Paper.
Couverture : Tristan Bézard

ISBN : 978-2-36405-138-6

contact@fypeditions.com
www.fypeditions.com

éditions fyp

Nous remercions le Conseil régional
et la DRAC du Limousin pour leur soutien
à notre programme de publication.

Plateformes

Sites collaboratifs, marketplaces, réseaux sociaux…

Comment ils influencent nos choix

Christophe Benavent

Biographie

Spécialiste des sciences de gestion, Christophe Benavent est professeur à l'université Paris-Ouest. Il coordonne le master Marketing et celui de Management des organisations et des politiques publiques. Il dirige l'École doctorale « Économie, organisations, société » créée par l'université de Paris-Ouest et l'École nationale supérieure des mines de Paris. Auteur de nombreuses publications, il anime la rubrique « Digital » de la revue Décisions marketing. Blogueur et conférencier, il intervient également dans les entreprises.

Sommaire

« Le couplage de l'homme à la machine commence à exister à partir du moment où un codage commun aux deux mémoires peut être découvert, afin que l'on puisse réaliser une convertibilité partielle de l'une en l'autre, pour qu'une synergie soit possible. »

Gilbert Simondon, *Du mode d'existence des objets techniques*, 1958

***

« Epiméthée, dont la sagesse était imparfaite, avait déjà dépensé, sans y prendre garde, toutes les facultés en faveur des animaux, et il lui restait encore à pourvoir l'espèce humaine. [...] Dans cet embarras survient Prométhée pour inspecter le travail. Celui-ci voit toutes les autres races harmonieusement équipées et l'homme nu, sans chaussures, sans couvertures, sans armes. [...] Prométhée, devant cette difficulté, ne sachant quel moyen de salut trouver pour l'homme, se décide à dérober l'habileté artiste d'Héphaestos et d'Athéna, et en même temps le feu. C'est ainsi que l'homme fut mis en possession des arts utiles à la vie.

Platon, *Protagoras.*

– I –

Des organisations d'un nouveau type

« La communauté cherche l'égalité et la loi : la propriété, née de l'autonomie de la raison et du sentiment du mérite personnel, veut sur toutes choses l'indépendance et la proportionnalité. Mais la communauté, prenant l'uniformité pour la loi, et le nivellement pour l'égalité, devient tyrannique et injuste : la propriété, par son despotisme et ses envahissements, se montre bientôt oppressive et insociable. »

Pierre-Joseph Proudhon, *Qu'est-ce que la propriété ?*, 1840

Les chiffres frappent l'imagination. Les plateformes sont apparues depuis dix ou quinze ans et contribuent déjà à la vie quotidienne de centaines de millions d'humains. Leur valeur de marché est pour certaines phénoménales : Amazon vaut plus de 300 milliards de dollars, Uber est à 70 milliards et Airbnb à 40 milliards. Un de nos champions nationaux, Danone, en atteint à peine 50 milliards au bout d'une longue histoire de fusions, d'acquisitions, de concentration et d'internationalisation. Renault est coté à 28 milliards, la même valeur que Tesla, le nouveau venu électrique dans le monde très concentré des constructeurs automobiles. Les deux premières capitalisations, toutes industries confondues, sont Apple, avec plus de 600 milliards, et Google, avec 522 milliards. Quant aux populations qu'elles accueillent, l'échelle du milliard d'humains est largement dépassée avec Facebook.

Les plateformes fascinent, elles irritent, enthousiasment, intriguent, bousculent, inquiètent ; elles donnent aux entreprises et à leurs dirigeants le sentiment de l'urgence d'une transformation, sans qu'ils ne sachent vraiment ce qu'elle est ou doit être ; elles stupéfient les pouvoirs politiques qui, saisis par le réflexe de la réglementation, butent sur les intérêts divergents.

Pour le consommateur qui les a adoptées rapidement, elles sont une manne qui donne accès à des services à faible prix dont la commodité est épatante. Elles peuvent aussi, s'il change de rôle, lui procurer des revenus d'appoints. Pour les travailleurs, elles sont ce spectre qui menace les emplois, écrase les salaires et les condamne à la précarité des petits boulots. Elles sont l'espoir pour d'autres de prendre la marche ratée de l'ascenseur social ou de se réaliser dans un travail dont on fixe seul les rythmes et les contenus. Elles inquiètent les indépendants, même si les plus réactifs peuvent en tirer avantage.

Le public les connaît au travers de Uber et de son substantif hypnotique : l'ubérisation, une transformation destructive et exemplaire qui automatise ce que l'on ne croyait pas standardisable, fait éclater les règles et génère des conflits sociaux. Les consommateurs sont devenus fans d'Airbnb, ils ont définitivement adopté BlaBlaCar, qui a transporté plus de 7 millions de personnes en 2015, une part importante d'entre eux fait ses courses sur Amazon (ils sont au moins 18 millions chaque mois à visiter la plateforme) et plus encore recherchent les bonnes affaires sur le Leboncoin (plus de 20 millions). Ils sont utilisateurs de Vélib', ils consultent quotidiennement Google ou Facebook, sont fans d'Apple ou accros de Netflix. Ils ont entendu parler de My Major Company pour le financement de la musique, de La Ruche qui dit Oui pour consommer de manière alternative, ont pensé à louer leur voiture sur Drivy ou leur tondeuse sur Zilok. Ils ignorent encore Alibaba, Etsy, Upwork, Lift ou Delivery Hero.

Rachel Botsman, une des stars de la Silicon Valley, a contribué à populariser ce modèle avec son best-seller publié en 2010 et ses conférences à travers le monde[1] forgeant l'expression de « consommation collaborative » et diffusant l'idée que le lien importe plus que le bien qui s'incarne dans la promesse de l'économie du partage. Plus qu'un modèle, c'est un mouvement qui prétend offrir une alternative pour la société, la consommation et l'économie, rendant la propriété des biens désuète et faisant de la confiance la nouvelle monnaie d'échange. La critique de ce modèle est venue aussi rapidement que les consommateurs l'ont adopté.

Il apparaît de plus en plus clairement qu'il est la pointe visible d'un iceberg. La nature de ce modèle s'inscrit moins dans le désir d'une consommation différente, plus responsable et plus riche de sens, que dans l'invention d'une nouvelle manière de produire et de consommer, c'est-à-dire d'organiser

1. Rachel Botsman, Roo Rogers, *What's Mine Is Yours, The Rise of Collaborative Consumption*, Harper Business, 2010.

l'activité économique. Ce que l'on nomme économie collaborative est gouverné par des plateformes. Leur trait principal réside dans la capacité à coordonner des myriades de microactivités et de réduire l'engagement nécessaire pour participer au processus de production et de distribution des biens et des services. Les algorithmes, plus que les données, jouent un rôle pivot. Ils orientent, disciplinent, motivent et coordonnent les foules au risque de déployer une politique propre.

1— Les nouveaux espaces de la coordination

Ces drôles d'objets engendrés par l'amélioration des débits de l'Internet, par l'exploitation des propriétés du graphe social[2], par un esprit d'entreprise nourri d'utopie, se caractérisent par leurs effets perturbateurs[3]. Ils cassent les ordres établis de certains marchés. Ils le font en apportant de nouvelles solutions à des problèmes traditionnels, en s'appuyant sur leur faculté à coordonner un très grand nombre d'activités de manière immédiate. Leur caractère formidable et peut-être monstrueux vient de leur croissance hyper-rapide. Les principales plateformes, nées il y a à peine dix ans, touchent des dizaines voire des centaines de millions de personnes.

2. Le graphe social est la représentation de l'ensemble des relations entre les humains, leurs objets et leurs institutions, c'est l'élément clé par lequel on peut agir sur ces relations.

3. Le terme consacré est celui de « disruptif » dont la traduction en français est exactement « perturbateur ». Il correspond à cette vieille idée schumpeterienne de l'innovation destructrice et l'exposé le plus clair de ses conséquences pour la stratégie d'entreprise a été proposé par William J. Abernathy, Kim B. Clark, « Innovation: Mapping the winds of creative destruction », *Research Policy*, vol. 14, 1985.

Les plateformes ne sont tombées ni de Mars ni de Venus, elles émergent avec le déploiement des techniques informatiques ; les technologies de l'Internet n'en sont pas forcément la cause, mais un puissant catalyseur. Les plateformes coordonnent une immense diversité d'activités, et les technologies leur permettent de le faire efficacement.

La séduction et l'effroi que suscite Uber tiennent en grande partie dans l'efficacité technique qu'il propose comparativement au taxi. La séduction résulte de la fluidité de la commande qui s'effectue en deux pressions sur un écran, éliminant l'effort de devoir transmettre sa position et de surveiller le trajet emprunté, atténuant l'acte désagréable du paiement. L'effroi surgit quand on réalise que l'ordre ancien s'effrite, que des gains faramineux sont obtenus par les propriétaires du dispositif sans effort d'investissement et de gestion des conducteurs, simplement par la magie de l'écriture de lignes de code. On y devine l'utopie d'un monde où l'expression du désir suffit pour devenir réalité, d'un claquement de doigts, à la demande, mais aussi la dystopie d'un monde commandé par les machines.

La magie cependant n'y est pour rien[4]. Le doigt touchant l'écran, déclenche un calcul on ne sait où, peut-être un serveur en Alaska, qui identifie un chauffeur, le plus proche, lequel accepte la course en appuyant à son tour sur la vitre de son

4. La pensée magique est celle qui croît que l'action de l'esprit peut infléchir les événements, la pluie ou une rencontre, la guérison ou la victoire. Elle s'exerce dans la prière ou des formules cabalistiques. Elle cultive des jardins occultes et passe par-devers le monde matériel. Si pour l'utilisateur l'effacement de la technique peut favoriser cette pensée magique, l'observateur critique doit toujours garder en tête la somme d'ingénierie qui y est incorporée.

smartphone. Un faisceau d'ondes et d'électrons parcourt le ciel de Paris et emprunte un câble transocéanique ; le calcul se poursuit et affiche une durée d'attente, un prix indicatif, un numéro de téléphone. Il se sera écoulé une fraction de seconde.

Pour pouvoir répondre à notre appel, le chauffeur de VTC aura au préalable installé l'application sur son smartphone, transmis des documents électroniques à Uber, payé une licence à la préfecture, suivi une formation obligatoire, investi dans un véhicule. Au même moment, quelque part à Mumbai, un jeune ingénieur fraîchement sorti de l'université de Bangalore s'est connecté à l'API d'Uber et teste l'intégration du bouton de commande dans l'application du grand magasin dont nous venons de sortir. La voiture arrive dans trois minutes, nous avons accepté de payer une majoration de 1,5 fois le tarif de base. En face, les spectateurs sortent du théâtre, nous réalisons qu'il y a sans doute plus de passagers que de conducteurs disponibles et que dans la fraction de seconde qui vient de s'écouler, quelqu'un, quelque chose, a décidé d'augmenter les prix pour quelques instants, dissuadant les radins et réduisant le temps d'attente. Nous acceptons la majoration. Le conducteur ne sait rien du calcul, bienheureux de prendre une course à un tarif plus avantageux.

1.1– De multiples dénominations

Ces marques, car pour le public ce sont d'abord des marques, souvent en T-shirt et blue-jean, cool, alliant efficacité et décontraction, s'incarnent dans le sortilège des algorithmes et la lueur bleutée de nos écrans. Elles dissimulent des organisations qui perturbent non seulement nos croyances, mais aussi, de manière tangible, les équilibres économiques et sociaux, des organisations mutantes, faites de machines et d'humains dont on se demandera si leur nouveauté est radicale dans la manière dont elles coordonnent les activités et motivent leurs utilisateurs. Nous les désignons sous le terme de plateformes, même si les propositions ne manquent pas et varient rapidement en fonction de l'humeur des médias et du climat.

Si l'expression de consommation collaborative a surgi ces dernières années, nous étions déjà familiers du e-commerce qui est entré tranquillement dans nos vies et, sans le savoir, a occupé des places de marché dont nous verrons qu'elles ne sont pas si différentes. L'élément nouveau est apporté par l'idée que disposer d'un bien n'exige pas de le posséder et que, si on ne l'utilise pas, pourquoi ne pas le partager. Maisons, voitures, vêtements, livres, matériels et même services, qu'il s'agisse d'un cours de langue ou de refaire la décoration, toutes les pratiques quotidiennes semblent être candidates à ce nouveau principe. Ce mode de consommation donne en plus l'occasion de lier des liens avec de nouvelles personnes, de remettre de l'humain dans le marché : « Le lien plus que le bien. » Une utopie avec un sel hippie et beaucoup de sens pratique.

Certains vont plus loin avec l'économie du partage. Est-ce un partage eucharistique ou simplement une mise en commun de ressources ? Cette *sharing economy* ressemble beaucoup à l'économie de l'accès annoncée depuis déjà longtemps par Jeremy Rifkin[5] ou à l'économie de la fonctionnalité défendue

5. Jeremy Rifkin, *L'Âge de l'accès : La révolution de la nouvelle économie*, La Découverte, 2000.

par certains économistes[6]. L'économie du partage peut prendre différentes formes selon la distribution des ressources matérielles qui permettent de délivrer le service. Concentrée chez un opérateur, comme la flotte de Vélib', c'est une forme collective de production de service ; distribuée dans la multitude des cyclistes, elle prend des traits collaboratifs. Elle valorise l'idée de l'exploitation des actifs excédentaires, sous-utilisés et disséminés dans la population. Autant prêter au voisin la perceuse que l'on emploie une fois par an, plutôt qu'il en achète une autre : c'est autant d'économie pour lui et pour l'environnement.

D'autres préfèrent simplement parler d'économie *peer-to-peer*, comme Michel Bauwens[7], pour une approche plus radicale et révolutionnaire, qui voit dans ce mode de coordination une révolution sociale et la voie privilégiée pour une société post-capitaliste. Les plateformes prolongent ce qui s'est engagé dès le XIXe siècle avec les phalanstères et autres familistères, et rejoignent au moins les utopies anarchistes, socialistes ou communistes. Un travail de comparaison approfondi serait utile pour distinguer les formes du mutualisme, de la coopérative, du collectif et de l'économie collaborative. Quel degré de mise en commun des ressources ? Quelle répartition des fruits de la mise en commun ? Comment partager une valeur où les ressources sont si intriquées que l'on ne peut les séparer et par conséquent

6. L'économie de la fonctionnalité se définit « comme la vente d'une solution adossée à une performance contractualisée, et fondée sur l'usage d'un ensemble intégré de biens et de services, en substitution à leur production et leur commercialisation de manière disjointe ». Gérald Gaglio, Jacques Lauriol, Christian du Tertre (dir.), *L'économie de la fonctionnalité : une voie nouvelle vers un développement durable ?*, Octares Éditions, 2011.

7. Michel Bauwens, *Sauver le monde, Vers une société post-capitaliste avec le peer-to-peer*, Les Liens qui libèrent, 2015.

les attribuer justement ? Au fond, on retrouve les éléments d'un débat qui se poursuit depuis deux siècles.

Au cœur de cette réflexion, il y a naturellement la question de la propriété. C'est justement ce que ne remet pas en cause Robin Chase[8], cofondatrice de Zipcar, qui voit dans les plateformes le moyen d'obtenir des gains de productivité inégalés en exploitant les actifs sous-utilisés et en générant par l'agrégation des informations un apprentissage exponentiel des comportements et des habitudes. Elle réalise l'association inédite du rêve communautaire et de l'entreprise moderne. On notera une de ses observations : les gens ne souhaitent pas forcément coopérer, c'est la plateforme qui coopère pour eux.

Cela rejoint l'analyse de Tim O'Reilly[9] qui met l'accent sur la capacité des plateformes à réduire les coûts de transaction et, par l'agrégation de l'offre et de la demande dispersées, à atteindre des échelles de production pouvant réduire les prix et donc augmenter la demande. En filigrane, c'est la perspective libertarienne qui se dessine : en se débarrassant des coûts de transaction par la technique, on se délivre du carcan réglementaire et on fait disparaître la bureaucratie des grandes entreprises.

L'idée du partage véhicule des valeurs positives et altruistes, quand le terme *on-demand* souligne une efficacité fonctionnelle garante d'une économie libérale et performante. Dans un même monde, deux visages se dessinent. L'un, dur, est celui du dernier avatar du capitalisme le plus pernicieux, le plus fragmenté,

8. Ce que le titre de son ouvrage résume à merveille : Robin Chase, *Peer-to-Peer Inc.*, Headline, 2015.

9. Tim O'Reilly, « Networks and the Nature of the Firm », Medium.com, 2015.

le plus calculateur, et l'autre le visage bien plus bienveillant du commun, qui ne prend rien aux autres. L'économie à la demande que servent les plateformes envahit le monde du travail et se fait connaître comme la *gig economy*, l'économie des petits boulots.

1.2– Les plateformes et l'agenda

Ce qui est commun dans ces désignations, c'est l'idée de plateforme : un dispositif qui coordonne les actions et les ressources de la foule, l'expression d'une demande, des disponibilités, du travail, des biens. Les plateformes sont constituées par un ensemble d'inventions techniques et sociales qui permettent des gains consistants de productivité dans la coordination d'une multitude de microactivités.

C'est la fonction d'agenda qui se révèle au travers de leur fonctionnement. L'exemple de la plateforme Peerby de prêt d'objets entre voisins illustre le problème. Sans elle, si nous avions besoin d'une tondeuse, il faudrait se souvenir qui parmi les voisins en possède une et se demander s'il est disposé à nous la prêter. L'autre solution serait de faire du porte-à-porte. Évidemment, ceci demande un effort de mémoire et surtout de passer outre une sorte de timidité d'autant plus forte que nous ne connaissons pas bien notre voisinage. Avec la plateforme, chacun déclare quels sont les objets qu'il souhaite prêter et donne son adresse. Dès lors que dans un voisinage plus d'une vingtaine de personnes y adhèrent, les échanges peuvent se réaliser. Il suffit à l'utilisateur de faire sa requête, la plateforme identifiera qui possède la tondeuse, où elle se trouve et quand elle est disponible. L'effort du prêteur se limite à déclarer une fois pour toutes ces informations, celui de l'emprunteur à formuler sa demande. Le rôle de Peerby est d'agréger ces informations et de les rendre concomitantes en rapprochant les agendas, automatisant simplement les réponses aux questions : qui, quoi, où et quand.

En mettant l'accent sur les questions de coordination, on peut écarter la question de la propriété des biens. Avec ces formes d'organisation, le capitalisme systématise l'idée qu'il n'est pas nécessaire d'être propriétaire des actifs productifs pour proposer un service et en extraire la valeur, et par conséquent que les besoins en capital sont moindres[10]. L'actif le plus important, celui que l'on ne peut externaliser, réside dans la capacité de coordonner et de contrôler les activités. Cela peut être troublant pour le candide qui n'imagine les organisations que dans leurs apparences matérielles (usines, bureaux, magasins, entrepôts), et aussi pour l'homme averti qui peut y voir soit l'espace du conflit social, soit un nœud de contrat[11]. La véritable question de la propriété se pose en fait sur un plan plus politique : à qui doivent revenir les fruits de la coordination et comment doivent se partager les bénéfices de l'entreprise. Cette question concerne toutes les entreprises. Nous y reviendrons dans la conclusion.

10. Ce qui est au passage le modèle de la franchise dont une des qualités est de permettre une expansion rapide, car exigeant peu de capital, celui-ci étant apporté par les franchisés.

11. La théorie du nœud de contrat considère l'entreprise comme une fiction légale qui comprend un jeu de relations contractuelles qui établissent des droits et des obligations, elle n'est ainsi ni une entité ni une chose capable d'être possédée.

Quant à la dimension relationnelle, largement mise en avant par les promoteurs de l'économie collaborative, si elle est importante (un des plaisirs du covoiturage est la rencontre d'autres personnes, de même qu'un des éléments de la valeur de l'offre Airbnb est de découvrir l'habitant), elle n'est pas exclusive et spécifique à ce domaine ; voilà près de cinquante ans que les spécialistes du marketing[12] ont fait de la qualité de la relation (et en premier lieu la confiance) la clé de voûte de la réussite commerciale. Ce qui est spécifique, c'est la coordination, la capacité d'orchestrer un nombre considérable de relations, l'ordre de grandeur pouvant s'exprimer en dizaines ou centaines de millions.

L'exemple d'Amazon est remarquable sur ce plan. Il ne s'agit plus aujourd'hui d'une entreprise de commerce qui achète des biens de préférence à des prix plus faibles que ces concurrents, en jouant d'une capacité élevée d'achat, pour les revendre à un prix fixé par les marchés locaux, mais d'un infomédiaire qui met en relation 2 millions de vendeurs, certains professionnels d'autres particuliers, avec 200 millions d'acheteurs. La coordination des échanges est assurée par des moteurs de recherche, un système d'évaluation (les notes), la transmission d'informations sur la livraison et les dispositifs de résolution des litiges.

Amazon n'est plus seulement un commerçant, c'est ce que l'on appelle techniquement une *marketplace* (place de marché) qui représente bien plus que l'image d'un lieu où vendeurs et

12. C'est ainsi qu'en 1975, Richard Bagozzi a introduit l'idée que le rôle du marketing est de faciliter les échanges et favoriser la bonne qualité des relations entre la marque et ses consommateurs, mais aussi entre les consommateurs eux-mêmes. Richard P. Bagozzi, « Marketing as exchange », *The Journal of Marketing*, vol. 39, n° 4, octobre 1975.

acheteurs se rencontrent. Véritable institution, Amazon attribue les places, met en relation, anime, conseille, synchronise les agendas et se rémunère à hauteur de 10 % du montant des transactions.

2– Au-delà du marché, de la bureaucratie et des clans

La technique permet de coordonner temporellement et de manière efficace les actions et les interactions d'un nombre très élevé d'agents, ce qui est la propriété fondamentale des plateformes. Elles célèbrent la liberté individuelle dans un modèle ultra-centralisé, elles louent le partage en stimulant une hypercompétition.

L'effort mené par les chercheurs pour décrire les organisations est immense, il remplit des bibliothèques entières. Mais on peut le résumer rapidement, puisqu'il tient en deux grandes idées : la contingence et le contrôle. À un certain état de l'environnement, correspondent des formes particulières d'organisation qui lui sont mieux adaptées. La seconde idée centre la question principale de l'organisation autour de la capacité à mettre en œuvre la stratégie, à assurer une certaine cohérence.

L'idée de la contingence suggère que lorsque les environnements sont stables, les formes organisationnelles qui favorisent une différenciation fonctionnelle élevée sont les meilleures. *A contrario*, quand ils sont dynamiques, une forme plus organique est préférable. L'organisation se construit à la fois en s'isolant de l'environnement et en entretenant un degré de plasticité pour s'ajuster aux variations. Pour pallier la variation de la demande, l'usine constitue des stocks afin d'organiser une production régulière et efficiente. Elle entretient des capacités de prévision pour ajuster à plus long terme sa production. Au-delà de cette perspective, est apparue l'idée que l'organisation pouvait régir ses relations en nouant des alliances stables et en constituant un réseau de relations souples. Cette vision de l'organisation permet de mieux comprendre la nature des plateformes : comment répondre instantanément aux variations de la demande et coordonner les processus de production. Une grande part de la réponse réside dans l'externalisation maximale des stocks, des actifs productifs et même du personnel. À la manière de ce que font Nike ou Apple, la plateforme s'inscrit dans le modèle industriel *fabless* (sans fabrication), inventé à la fin du XXe siècle[13], qui encourageait une concentration du nombre de fournisseurs.

Externaliser la production vers quelques dizaines de partenaires industriels peut se concevoir. Mais quand ils représentent des dizaines de milliers, voire des millions, la notion d'extérieur se dilue. On se trouve face à un vaste problème interne : comment attirer et coordonner des millions de partenaires ? Comment orchestrer leurs actions ?

2.1– Les coûts de coordination et de contrôle

Un coût de transaction est un coût lié à un échange économique, plus précisément une transaction sur le marché. Cette idée a été évoquée pour la première fois par l'économiste Ronald

13. Le *business model* « *fabless* » (sans fabrication) se concentre sur la conception et la distribution reportant en dehors de l'entreprise les risques associés à la variation de la demande.

Coase[14]. Les coûts de transaction sont au cœur de la question de la coordination, conduisant à penser que le marché n'est pas toujours la meilleure manière de coordonner les activités et que l'on peut justifier économiquement et théoriquement l'existence des hiérarchies, autrement dit celle de l'entreprise. Ces coûts sont constitués par la recherche d'information sur le partenaire, la négociation et la rédaction des contrats. L'effort *a posteriori* de surveillance et de contrôle de leur mise en œuvre est la raison d'être des organisations (entreprises hiérarchisées ou formes hybrides, notamment les réseaux d'entreprises).

L'environnement digital favorise une très forte réduction de ces coûts, ainsi qu'un accès élargi à l'offre. On pourrait en conclure que la digitalisation de l'économie conduit à une place plus importante du marché. Les plateformes incarneraient alors ce minimum d'organisation qui permet matériellement au marché de fonctionner. Elles seraient ainsi des sortes de bourses qui assurent la formation des prix et garantissent le minimum de confiance pour que s'accomplissent les échanges.

Mais tout cela équivaut à une analyse trop rapide. Car, s'il est légitime de s'intéresser à la manière dont ces changements dans les coûts de transaction affectent les modes de coordination, il est plus fructueux de s'intéresser aux modalités concrètes

14. Dans son article « The Nature of the Firm », 1937, Ronald Coase explique que : « Lorsqu'on souhaite opérer une transaction sur un marché, il est nécessaire de rechercher son ou ses contractants, de leur apporter certaines informations nécessaires et de poser les conditions du contrat, de conduire les négociations instaurant ainsi un véritable marché, de conclure le contrat, de mettre en place une structure de contrôle des prestations respectives des obligations des parties, etc. » Puis, c'est Oliver E. Williamson qui en a systématisé les conséquences, recevant à ce titre le prix Nobel d'économie en 2009. *Cf.* Oliver E. Williamson, *The Economic Institutions of Capitalism*, Free Press, 1985.

par lesquelles la coordination et le contrôle s'exercent au sein des organisations. Le professeur américain William Ouchi[15], spécialiste dans le domaine du management, distingue trois grandes formes de contrôle :

– Un contrôle par le résultat – ou le marché.

– Un contrôle par la règle – le modèle de la bureaucratie.

– Un contrôle par la culture – ou dans son expression la plus vive : le modèle de clan, tel qu'on l'observe dans les organisations de recherche ou de conseil.

La plateforme représente une quatrième forme de contrôle. C'est l'hypothèse forte de cet essai.

– Le marché est cette vieille illusion, contestée sans cesse, mais toujours là, que les intérêts de chacun convergent vers le bien de tous, que l'anarchie va vers un équilibre positif. On sait désormais que cet équilibre n'est atteint que si la compétition est égale et que la performance recherchée est bien celle que l'on mesure. Le marché coordonne les activités en confiant aux unités élémentaires la responsabilité des ajustements. Dans sa forme intégrée, l'adaptation se fait par la sélection des meilleures unités ou l'élimination des plus mauvaises. Le suivi minutieux, à travers les indicateurs clés de performance les plus individualisés possible, permet de sélectionner les meilleures tactiques. C'est le cas de la gestion des commerciaux rémunérés en fonction de leur performance commerciale et écartés quand elle est insuffisante.

15. William G. Ouchi, « A Conceptual Framework for the Design of Organizational Control Mechanisms », *Management Science*, vol. 25, n° 9, septembre 1979, complété par Norman B. Macintosh, *Management Accounting And Control Systems*, Wiley, 1994.

– La bureaucratie est cette forme noble d'organisation qui traduit les stratégies par des règles et un système de délégation d'autorité. On en connaît l'efficacité quand l'environnement est stable et homogène ; on sait qu'elle est peu douée de capacité de changement et que, dans la tempête, ses rouages se bloquent. Elle centralise le pouvoir et allonge les chemins de coordination. Elle favorise une connaissance procédurale qui prend la forme de normes, de manuels d'exécution, de bibles organisationnelles. L'information est fortement codifiée et ses flux précisément contraints. Elle peut s'assimiler à un modèle militaire, celui du *command/control*, dont les technologies de l'information assouplissent l'expression en donnant plus d'autonomie de décision au terrain, au prix d'une surveillance accrue des opérations. Les comportements sont l'objet du contrôle, la règle et la procédure correspondent au moyen. C'est le royaume de la note de service.

– Le clan a un fonctionnement collégial et la coordination se fait par le partage d'une culture commune. La connaissance y est informelle et implicite. L'initiation est souvent nécessaire, des rituels en ponctuent les moments importants. Elle prend tout son sens quand la performance n'est pas clairement identifiable et mesurable et que la prescription des bons comportements est difficile. L'université et la mafia sont de bons exemples de ce modèle.

De prime abord, les plateformes semblent trouver des racines dans ces trois modalités. Elles s'apparentent au marché par la rencontre presque directe de l'offre et de la demande, mais les prix pratiqués par les plateformes ne sont pas le résultat systématique d'un processus de marché. On y rencontre les éléments bureaucratiques de la multiplicité de leurs règles, mais les utilisateurs ne sont pas engagés. Leur prétention communautaire semble les rapprocher du modèle de contrôle par la culture, mais celle-ci est rarement commune.

L'élément original des plateformes réside dans un socle largement digitalisé, sur lequel tout tient. Des algorithmes, des interfaces, des bases de données sont mis à disposition de tous avec quelques réglages de droit d'accès et composent l'univers partagé des informations et des règles d'interactions. Une conception modulaire caractérise ce socle. C'est une base stable autour de laquelle gravitent des myriades de produits, d'agents et d'activités[16]. L'objet du contrôle n'est plus la performance, le comportement, le partage de valeurs communes, mais l'information qui permet d'agir. La plateforme distribue parcimonieusement cette information à travers ses interfaces qui sont, généralement, l'élément le plus stable. Elle réussit l'exploit d'externaliser le contrôle lui-même. Plus besoin de contremaître, comme dans la bureaucratie, ou de contrôleur de gestion ni même de kapo. Désormais, par la magie d'évaluations savamment concoctée, le patron c'est le client. Une nuée de microdécisions prises par les clients permet une coordination directe. Les plateformes sont aussi une forme de standardisation qui s'étend au-delà des frontières formelles de l'organisation. En procurant aux utilisateurs toute l'information utile, elles leur

16. Carliss Y. Baldwin, C. Jason Woodard, « The Architecture of Platforms: A Unified View », Harvard Business School Working Paper, 2008.

assurent un degré de productivité élevé[17], tout en les mobilisant massivement.

Le gain de productivité se concentre sur des tâches élémentaires. Par exemple, l'effort minuscule qui s'exerce quand on doit composer un numéro de téléphone, taper une adresse, envoyer un courrier. L'accumulation de ces gestes engendre une somme considérable de tâches. Il suffit de se souvenir de la corvée du changement d'un carnet d'adresses papier. Lorsque ce dernier est enfin enregistré dans une plateforme, ce n'est plus qu'une question de minutes pour le transférer d'un appareil à un autre. Le gain d'effort ne se limite pas à cette économie, il prend d'autres formes : le rappel d'anniversaires, la production d'alertes, l'accès à un calendrier, l'annonce de réunions, le partage de rendez-vous. Le secret des plateformes réside dans des formes avancées de synchronisation des agendas des utilisateurs. Quand les algorithmes de Google sont capables d'identifier dans nos courriels nos mémos de billets d'avion, nos confirmations de réservations d'hôtel, il leur suffit de les inscrire directement dans notre agenda. Il ne faudra pas plus d'effort pour qu'à l'occasion d'une demande de rendez-vous Google puisse nous suggérer des créneaux horaires. L'addition de ces économies microscopiques à l'échelle d'une grande organisation s'avère considérable. Dans la vie de bureau, le minuscule devient gigantesque.

17. En matière de productivité, notons que c'est un des aspects remarquables de ces organisations. Leur productivité apparente est très élevée. Quand une grande banque produit 250 000 euros de produit net bancaire par salarié, Uber fin 2014 réalisait un chiffre d'affaires de l'ordre de 200 millions avec 500 salariés (compte tenu de la commission de 20 % le volume d'affaires était de l'ordre du milliard d'euros).

2.2– La coordination par l'architecture

Marc Meyer et Alvin Lerhned[18] sont parmi les premiers à avoir formalisé la notion de plateforme en 1997, en s'intéressant aux nouvelles stratégies de conception de produits. Ils défendent l'idée que les entreprises doivent développer simultanément différentes familles de produits à partir d'un socle de composants et de technologies communs. Ce qui devient le plus important n'est plus le produit, mais ce qui permet de le concevoir. Les produits dérivent des choix initiaux et l'efficacité se mesure dans le rapport de la valeur de ces produits sur les investissements de départ de la plateforme.

La notion de modularité dans la conception facilite l'adaptation à la versatilité des marchés. Cette conception du développement de produits nouveaux n'est pas limitée au monde de l'informatique, comme le suggèrent les exemples des perceuses Black & Decker ou de l'automobile analysés par Meyer et Lerhned. Cette stratégie permet ce que les économistes appellent la « différenciation retardée » et associe à la fois la recherche de l'« économie d'échelle » et de l'« économie de champ » (variété des produits).

D'autres chercheurs[19] étendent cette idée en étudiant des cas plus proches du monde digital, comme Cisco, Microsoft ou Intel. Le leadership par les plateformes est la stratégie par laquelle ce que l'on offre au marché devient le socle d'offres complémentaires. L'exemple des jeux vidéo est intéressant. Par

18. Marc H. Meyer, Alvin Lehnerd, *The Power of Product Platforms: Building Value and Cost Leadership*, Free Press, 1997.

19. Annabelle Gawer, Michael A. Cusumano, *Platform Leadership: How Intel, Microsoft, and Cisco Drive Industry Innovation*, Harvard Business School Press 2002.

exemple, avec la PlayStation, Sony n'a pas fait qu'introduire un produit nouveau dans le monde du jeu. Sony propose un ensemble de technologies et de standards permettant à des tiers de développer les produits dérivés que sont les jeux eux-mêmes. En facilitant la conception des jeux par des tiers, le catalogue est étendu et l'attractivité de la PlayStation l'est aussi. Il y a complémentarité. Cette idée essentielle marque, dès les années 1990, un tournant dans l'analyse stratégique. Que ce soit la PlayStation de Sony, la DS de Nintendo ou la Xbox de Microsoft, le produit n'est pas tout à fait la console ni les jeux, c'est un ensemble plus vaste que l'utilisateur ne voit pas (les outils de développement). La valeur de la console est liée à sa complémentarité. Plus les jeux sont nombreux, plus elle a de valeur ; plus la console a de valeur et plus les développeurs sont incités à produire de jeux.

Le modèle des plateformes se révèle alors : c'est une infrastructure qui permet à des groupes d'acteurs distincts d'œuvrer de concert. Le domaine des applications suit la même logique, avec les kits de programmation (SDK) et les API qui permettent à des tiers d'accéder aux données et aux développeurs de créer des applications mobiles. Les plateformes exercent un double contrôle, par la distribution au sein des *app stores*, et par l'évaluation grâce aux notes et commentaires des utilisateurs. La fonction des plateformes est donc d'assurer l'interopérabilité entre des flux d'information différents. Les systèmes d'exploitation sont de ce point de vue les premières plateformes. Ils ont pour rôle de faire fonctionner ensemble des éléments disparates : clavier, écran, imprimante, caméra, souvent produits par des entreprises différentes.

Une synthèse de 2014[20] identifie une caractéristique clé : c'est l'architecture de la plateforme qui produit un effet de levier. L'architecture est la manière dont sont agencés les éléments techniques (les interfaces, par exemple) et organisationnels (les règles). L'effet de levier joue quand l'architecture est ouverte aux tiers (clients, fournisseurs, prestataires de services, développeurs, etc.).

La coordination est assurée par l'architecture de la plateforme, une architecture qui filtre et oriente les flux d'informations et les activités favorisant des interactions positives entre les différents groupes d'acteurs : vendeurs, acheteurs, modérateurs, développeurs d'applications et de services, la liste n'est pas limitative. Il ne s'agit ni de prescrire ce que les acteurs vont faire (le contrôle par le comportement), ni de les sélectionner en fonction de leur performance (le contrôle par la performance), ni même de créer une culture commune et un sentiment d'identité (contrôle par la culture). C'est l'architecture de l'ensemble qui est essentielle. L'opérateur de la plateforme est comme un joueur de SimCity : sa réussite en tant que maire d'une ville virtuelle dépend de la manière dont il dispose les zones d'activités, les réseaux d'eau et d'électricité, les gares et les écoles, favorisant ou non des interactions positives entre ces éléments par un agencement adéquat. C'est la manière dont les éléments de la plateforme (le système d'évaluation, les parties prenantes, les moteurs de recherche, de recommandation) sont articulés qui va déterminer le résultat.

20. Llewellyn D. W. Thomas, Erkko Autio, David M. Gann, « Architectural Leverage: Putting Platforms in Context », *Academy of Management Perspectives*, vol. 28, n° 2, mai 2014.

2-3– Des règles sans bureaucratie et le faible coût de l'engagement

D'après l'étude de la plateforme Wikipédia[21], il ne s'agit pas d'un modèle bureaucratique qui est mis en place, mais un système de règles et de rôles particuliers et évolutifs qui tendent vers de plus en plus de complexité, à tel point que les règles sont devenues un produit à part entière qui ralentit la production de contenus alimentée par des membres volontaires (*user generated content*).

Rappelons que la bureaucratie au sens traditionnel exige de ses membres une appartenance exclusive, garantie par l'emploi à vie. Dans le cas de Wikipédia, les agents sont libres d'agir ou de ne pas agir, leurs activités sont autonomes, ils ne sont pas soumis à la subordination même s'ils doivent respecter scrupuleusement des règles qui tendent à être plus complexes. C'est d'ailleurs une des questions juridiques actuelles pour qualifier la relation des chauffeurs Uber à la plateforme. Si tout laisse penser que la dépendance est forte et qu'il s'agit d'un lien de subordination plutôt qu'une relation contractuelle[22], la liberté d'action se concrétise dans le déclenchement de l'application par les chauffeurs à leur initiative. L'enjeu de l'organisation pour

21. Brian Butler, Lisa Joyce, Jacqueline Pike, « Don't Look Now, But We've Created a Bureaucracy: The Nature and Roles of Policies and Rules in Wikipedia », actes de la conférence SIGCHI « Human Factors in Computing Systems », 2008.

22. Pour décrire cette situation ambiguë, les juristes ont développé la notion de parasubordination qui est caractérisée par une « collaboration coordonnée et continue ». Cette forme de travail ne se caractérise pas par un lien de subordination (contrôle permanent, instructions, directives, etc.) entre deux parties, mais par un « contrat de prestation professionnelle » impliquant une certaine dépendance, essentiellement économique. Elle est employée en Allemagne et en Italie.

préserver son intégrité passe alors par l'engagement de ses membres, qu'ils soient contractuels ou volontaires, et, pour l'encourager, elle doit distribuer récompenses et reconnaissances. Cet engagement prend son sens dans une culture commune non formalisée, distillée dans les textes, les échanges et les rituels. La distribution de rôles particuliers que les agents endossent en fonction de l'intensité de leurs activités y joue un rôle central : les suiveurs et les suivis, les contributeurs et les consommateurs, les modérateurs, etc. La maîtrise de la distribution de ces rôles est la clé de la stabilité de l'organisation et de son activité.

Les plateformes ne sont pas propres aux technologies de l'information. Le fonctionnement des écoles de samba – organisations sans système d'information au sens contemporain – s'apparente aux plateformes. Ces écoles possèdent un domicile, une équipe dirigeante, un règlement intérieur. Leur activité suit un programme : le projet débute par le choix d'un thème, d'un texte, d'une musique. Quand ces éléments sont fixés, la décoration des chars, les costumes et les chorégraphies sont lancés sous la direction de professionnels aux rôles identifiés. L'apprentissage s'effectue en participant chaque week-end aux répétitions et en interagissant avec les autres membres du module auquel on s'inscrit. Aucun *curriculum vitae* n'est demandé, il n'y a pas de concours d'entrée. C'est l'architecture du défilé qui coordonne l'ensemble. L'élément fondamental consiste dans le choix du thème, du texte et de la musique.

Il ne semble pas que les critères de recrutement des acteurs soit déterminant au sein des plateformes. La facilité avec laquelle on en devient membre ne s'appuie que sur des éléments restreints d'identité ; aucune preuve de qualification et aucune profession de foi préalable ne sont requises. Les plateformes sont ouvertes. Le faible coût de l'engagement est sans doute un facteur clé de leur succès et de la vitesse de leur diffusion. Ce coût se limite bien souvent à un simple clic, sur les boutons de connexion proposés par les réseaux sociaux. Un geste simple permet de transférer les informations du réseau social à la plateforme sur laquelle on veut s'inscrire : nom, coordonnées, listes d'amis, etc. La valeur d'adhésion réside dans un faible rapport coût/bénéfice : aucune compétence particulière n'est requise, mais des bénéfices de coordination importants sont apportés, notamment par la facilitation de microactivités. Un contrôle élevé est cependant exercé, par le biais de son architecture, sur ce qui y est échangé et sur la manière dont se fait l'échange.

Les plateformes apparaissent ainsi comme de nouvelles organisations, c'est-à-dire un nouveau mode de coordination et de contrôle des activités et des agendas, qui se caractérise par l'importance de l'architecture du système d'information et par un faible coût d'engagement qui favorise son expansion. Les conséquences sont d'abord une large ouverture qui brouille les frontières de l'organisation telles que nous les concevons : l'intérieur devient extérieur quand les forces de production sont externalisées, l'extérieur devient intérieur quand les clients deviennent contributeurs. Or, jusqu'ici, nous étions familiers d'un monde où les ouvriers sont entre les murs de l'usine et les clients à l'extérieur de l'entreprise.

– II –

L'écosystème des plateformes

« La nature, selon le mot de François Jacob, est un excellent bricoleur et non un artisan divin. »

Stephen Jay Gould, *Le Pouce du panda*, 1980

L'histoire des entreprises et de leur management est celle de l'invention de nouvelles manières de coordonner l'activité économique. Elle est largement contingente. Pour bien comprendre la mutation qui apparaît depuis le début des années 2000 et qui se manifeste violemment avec l'ubérisation, un retour à l'histoire qui a transformé l'industrie automobile et manufacturière est utile. La méthode de gestion *kanban*[23] qui lui est associée – et plus particulièrement le *just-in-time*, éléments constitutifs du toyotisme –, est édifiante. On prête à son inventeur, Taiichi Ohno, de l'avoir imaginé lors d'un voyage aux États-Unis à la

23. Terme japonais signifiant « enseigne, panneau ».

fin des années 1940. Il fut plus impressionné par les supermarchés que par l'industrie. Le processus par lequel les rayons sont remplis à mesure que les consommateurs les vident lui a donné l'idée de mettre en place un mécanisme de fiches (papiers) qui sont envoyées en amont, au fur et à mesure que les composants sont consommés en aval. L'accumulation des fiches donne le moyen de contrôler visuellement le niveau de stock et, par conséquent, le niveau de production.

Ce modèle de coordination des activités tiré par l'aval – qui s'oppose aux méthodes *push* telles que le management des ressources de production (MRP)[24] – suppose de prévoir la demande. Parmi les raisons qui ont motivé l'adoption de ce modèle par Toyota, il existe principalement deux facteurs. Le premier est qu'à l'époque la production étant plus faible que celle des géants de Détroit, les gains espérés par l'économie d'échelle étaient insuffisants. Le second est que les capacités de calculs nécessaires pour l'approche planificatrice du MRP n'étaient pas disponibles au Japon. L'apparition de cette nouvelle méthode de coordination des activités résulte d'une contingence, une combinaison de paramètres de l'environnement qui en favorise la naissance et le développement.

Pour comprendre la genèse des plateformes et leur variété, il est nécessaire d'examiner l'évolution de l'Internet. Celle-ci peut être décrite comme des vagues qui déposent successivement de nouvelles couches techniques. La mise en réseau des machines

24. Le MRP est la partie centrale d'un système de gestion de production informatisé. Mélange de logiciel et de base de données, son rôle principal de faciliter la planification de la production en fonction des ressources en personnel, en matières premières, en machines et en temps, par rapport à un besoin à date ou un besoin de stock.

via Internet s'est déployée dans les années 1990 ; la mise en réseau des documents dans les années 2000 a formé le web ; la mise en relation des internautes a fait émerger le web 2.0 et aujourd'hui apparaît l'Internet of Things (IoT) avec la mise en réseau des objets et des données[25]. Des strates que structure peu à peu une organisation inégalitaire où quelques plateformes dominent, cultivant autour d'elles des milliers d'acteurs plus petits et coordonnant des milliards d'individus.

C'est dans ce terreau que différentes familles de plateformes prolifèrent : cent cinquante valent plus de 1 milliard de dollars – on les qualifie de licornes. Les plateformes constituent une population de plusieurs milliers de start-ups, une véritable explosion cambrienne foisonnante, qui s'accorde avec certaines théories évolutionnistes des organisations[26]. L'écologie des populations organisationnelles est une clé de lecture privilégiée pour les étudier. Elle met en évidence l'idée que la croissance d'une « population d'organisation » (les plateformes en sont une) dépend de sa capacité à obtenir une légitimité pour trouver les ressources nécessaires à sa croissance. Cela conduit souvent à des comportements d'imitation qui expliquent l'isomorphisme de la population (elles partagent les mêmes caractéristiques et des processus concurrentiels éliminant les formes les moins performantes). Une grande part d'entre elles vont disparaître. Nombreuses sont celles qui tâtonnent pour trouver des sources de revenus et les voies de leur prospérité. Quelques-unes triomphent.

---

25. Tim O'Reilly, John Battelle, « Web Squared: Web 2.0 Five Years On », Web2.0 Summit, 2009.

26. Dans la lignée de Michael T. Hannan, John Freeman, *Organizational Ecology*, Harvard University Press, 1989.

1– Les strates du digital

Si la presse et les médias sociaux font entendre la musique de la révolution permanente, les faits présentent un paysage bien différent. Un paysage plus stratifié que bouleversé, où les couches s'empilent plus qu'elles ne se remplacent, formant ainsi un ensemble complexe où, sans disparaître, les anciens médias sont parfois relégués dans des espaces tourmentés. Les plateformes ne surgissent pas en bousculant les sédiments : elles se superposent, s'agglutinent, s'accumulent. Ce qui est nouveau, c'est qu'elles prolongent leurs dendrites dans la chair de l'économie traditionnelle et débordent de l'espace des médias. Elles prolifèrent sur le terreau de l'Internet qui connecte les machines, associe et indexe les documents, relie les humains par leurs carnets d'adresses et tricote des fils de données déroulés par des milliards d'objets.

1.1– Connecter les machines

La première strate de l'Internet est constituée par le protocole de communication appelé TCP/IP, permettant de lier des réseaux d'ordinateurs entre eux. Elle a ouvert la voie aux applications de recherche de fichiers sur des machines distantes, à la naissance du mail ou à celle des forums. Cette première couche bénéficie des moyens physiques de communication : le développement d'Ethernet, des réseaux locaux (publics et privés) et de leurs interconnexions, et de bretelles passant par le signal analogique de nos vieux téléphones équipés de modulateur/démodulateur (Modem) pour accéder aux autoroutes de l'information en construction. C'étaient les années 1990. La bande passante s'est ensuite élargie. Avec l'ADSL et les fibres optiques, le débit a été multiplié au moins par deux mille. Cette couche évolue aussi de manière constante. Le P2P (*peer-to-peer*) émerge dans les années 2000 et donne naissance à une popularisation du partage de fichiers qui va être endiguée par la réaction des détenteurs de droits d'auteur. Mais grâce à la large bande passante, le streaming finit par s'imposer. La gouvernance de l'Internet évolue avec l'expression de la souveraineté des États. Elle demeure une question clé et la technique se plie aux exigences politiques et juridiques, oscillant entre intégration et fragmentation, centralisation et P2P.

Un enjeu techno-économique majeur est l'élargissement du nombre d'adresses utilisables. Le protocole IPv4 a atteint ses limites avec ses 4 milliards d'adresses. Quant à l'IPv6, dont la capacité est quasi illimitée, il ouvre la possibilité de l'extension de l'Internet aux objets connectés et aux réseaux qui leur seront dédiés, comme celui de Sigfox[27].

1.2– Associer les documents

La seconde strate est celle du web, elle ne lie pas des machines, mais des documents identifiés par des Uniform Resources Names (URN). La correspondance entre le physique (IP) et le documentaire (URL) s'effectue par le biais des tables Domaine Name System (DNS). Avec cette seconde couche, le

27. La technologie de Sigfox permet de couvrir un territoire comme la France avec un millier d'antennes dont la portée est de l'ordre de 40 km et qui peuvent chacune traiter plusieurs millions d'objets, communiquant à très bas débit, et donc de manière très économe, avec toute sorte d'objets. Les panneaux publicitaires de Clear Channel en sont équipés.

rêve de l'intertextualité[28] se concrétise, un livre est relié à ceux qui le citent et, sur un plan matériel, il n'a même plus besoin de regrouper ses feuillets en un volume sur le rayonnage d'une bibliothèque. Il peut parfaitement être dispersé dans plusieurs bibliothèques, ses feuillets étant répartis sur des dizaines d'étagères. Cette propriété conduit rapidement à ne plus concevoir les sites web comme un ensemble de documents incorporés, mais comme une base de données. Aujourd'hui, en France, 40 % des sites web sont gérés avec WordPress et près de 50 % des sites de e-commerce avec PrestaShop. Cette seconde couche s'est rapidement structurée avec le développement des moteurs de recherche, d'abord des annuaires tels que Yahoo, puis à travers des index construits sur des critères de pertinence, tels que Google, qui ont adopté rapidement le modèle de la plateforme. Puis, la standardisation des langages de publication a joué un rôle essentiel, HTML et XLM en sont le cœur.

Dans les années 2000, le formidable développement de l'e-commerce et de ses grands portails, la croissance de l'édition personnelle à travers le *blogging* et la publicité *on-line* ont été les trois moteurs de croissance du web. À partir de 2005, d'autres types de contenus explosent : celui des données avec l'*open data* dans le secteur public, les bibliothèques électroniques dans une acceptation très large allant des sites de streaming aux bases bibliographiques scientifiques, et l'énorme volume du trafic

28. Le rêve de l'intertextualité n'est pas lié au digital, il trouve sa source dans la littérature, sans doute chez Borgès. De manière explicite, on le retrouve chez Julia Kristeva, il est formalisé par Barthes et, dans une dimension encore plus abstraite, se retrouve dans l'idée du palimpseste de Genette. Le web concrétise l'idée qu'il n'y a pas de texte isolé, mais qu'il se poursuit de livre en livre.

généré par la vidéo. La structure du web évolue vers une concentration des contenus sur un nombre réduit de sites, et un affaiblissement relatif de la production d'information par les utilisateurs.

Les évolutions du web se sont aussi caractérisées par les interfaces et le design. La conception en portail glisse vers des modalités en papyrus, le travail des designers et des spécialistes de l'« expérience utilisateur » (*user experience*[29]) conduit à une conception des pages plus épurée et un contenu de plus en plus algorithmique, notamment au travers d'outils de recommandation et de personnalisation.

Une transformation imperceptible a affecté le web, avec le développement des *web services*. Il s'agit de programmes informatiques permettant la communication et l'échange de données entre des applications et des systèmes hétérogènes. Un exemple remarquable est celui des *mashups*, ces programmes qui mixent des données de sources différentes. Les applications qui, en se connectant à Google Maps et à Twitter grâce à leurs API, permettent de cartographier les sujets d'actualité, en sont l'illustration la plus courante. Ces API et les technologies associées jouent un rôle fondamental dans le développement des plateformes. Un méta-moteur de recherche de voyages, tel que Kayak, ne possède pas de base de données propre. Mais en s'appuyant largement sur ces technologies, il puise l'information dans des bases tierces pour fournir un service.

29. UX pour *User Expérience*, est ce domaine d'expertise issu de l'ergonomie qui se concentre sur l'optimisation des interfaces homme-machine dans le but d'améliorer l'expérience d'utilisation : effort cognitif moindre, réduction des irritations, caractère intuitif des procédures, éventuellement production d'émotion positive.

1.3– Relier les humains

La troisième strate émerge avec les premières formes de réseaux sociaux. Il ne s'agit pas d'un nouvel objet technique, mais d'une nouvelle organisation : plutôt que de rassembler des documents, elle rassemble des personnes et leurs objets, des marques, de plus en plus. C'est le « web² », un web mis au carré[30]. Il ne s'agit plus de listes et d'annuaires, mais de tableaux retraçant les relations. C'est le graphe social que Facebook a l'ambition d'écrire. Cette carte retrace tous nos liens, ceux que l'on maintient dans nos carnets d'adresses. On gagne un degré d'abstraction, car l'unité de relation ne correspond pas forcément à une unité matérielle. En effet, ce n'est ni l'adresse physique d'une machine ni celle d'un document, mais un ensemble de traces qui désignent une personne réelle ou imaginaire.

Sur un plan plus social, émerge la question des identités numériques[31]. Certaines plateformes sociales œuvrent pour qu'à chaque nom, photo ou *curriculum vitae* corresponde une personne réelle. C'est la condition de leur efficacité. Et c'est un enjeu pour Facebook qui voudrait faire coïncider les comptes et les personnes civiles.

1.4– Tricoter les objets et les données

La quatrième strate est associée à l'Internet mobile qui privilégie un objet particulier, ce galet rectangulaire qui a colonisé nos poches. Pour faire vivre les applications, un dispositif est

30. On doit l'expression à Tim O'Reilly, le dirigeant de la société de conseil éponyme, le carré étant simplement le produit cartésien des utilisateurs et des documents.

31. Louise Merzeau, « Présence numérique : les médiations de l'identité », *Les Enjeux de l'information et de la communication*, université Stendhal-Grenoble3, 2009.

mis en place : fournir des outils de développement aux créateurs d'applications, appelés System Development Kit (SDK) ; mettre les données à disposition par des API[32]. C'est la couche des données.

Avec l'Internet des objets (IoT), l'internaute devient plus qu'une série de comptes reliés entre eux (compte Google+, Facebook, etc.), mais un producteur continu et persistant de données au travers de la constellation des objets : sa montre, sa voiture, son thermostat, son compteur électrique, sa brosse à dents ou sa poubelle. Ces objets conversent aussi avec d'autres objets. Le thermostat commande les ampoules, la voiture demande à la porte du garage de s'ouvrir. Les feux rouges s'allument sur l'ordre d'algorithmes qui traitent en temps réel les signaux envoyés par le flux des voitures. On nous promet 50 à 100 milliards d'objets connectés à l'horizon 2020.

Ce sont vraisemblablement les plateformes de données qui vont structurer ce nouvel Internet. Seront-elles indépendantes des fabricants de matériels ? S'agira-t-il de nouveaux acteurs spécialisés dans certains types de données (santé, domotique) ? Des fournisseurs de services ? Des États ? On s'attend à une nouvelle ère qui concrétisera le rêve de l'informatique ambiante. Celle-ci ne commandera pas uniquement les microactions de

32. Les API (*Application Programming Interface*) sont des applications qui permettent *via* un langage spécifique d'accéder à des ressources logicielles ou à des données. Les apis distribuent des droits d'accès, elles peuvent être ouvertes. Le cas de Twitter est révélateur. Pour accéder aux tweets (500 millions produits par jour) l'accès est désormais limité à quelques milliers de manière gratuite, des solutions payantes sont proposées au-delà avec le Firehose qui garantit que la totalité des tweets portant sur une requête précise est poussée vers l'application client.

la vie ordinaire, mais ajoutera une dose d'affect avec l'informatique émotionnelle qui comptabilise nos sourires, nos grimaces, nos surprises, nos inquiétudes…

2– L'explosion des plateformes

On assiste aujourd'hui à une prolifération des plateformes[33]. Elles nous transportent, nous hébergent, nous dépannent quand on a besoin d'outils. Elles peuvent financer nos projets, nous offrir les moyens de communiquer… De multiples fonctions remplies par différents modèles d'affaires, comme les commissions, l'abonnement, la publicité et les produits dérivés. Pour les consommateurs, elles ont en commun la commodité, la rapidité, l'immédiateté et les prix, souvent plus faibles que les solutions traditionnelles.

Jeremiah Owyang[34] propose une typologie des plateformes. Il distingue six grands domaines où les individus (des *makers*, des pairs, des cocréateurs, des clients) sont mobilisés pour pro-

---

33. Il est difficile de les dénombrer, car elles ne répondent pas à une catégorie statistique établie, qu'il n'existe pas de recensement systématique, et qu'une grande part d'entre elles sont à un stade de concept plutôt que de services établis. Pour préparer cet ouvrage, nous avons compilé différentes listes dont l'ensemble dépasse largement le millier dans le monde et représente le sommet de l'iceberg. On en retrouvera une partie dans l'annexe.

34. Jeremyah Owyang est un des observateurs les plus attentifs de l'économie collaborative aux États-Unis. Le site de sa société de conseil Crowdcompanies.com fourmille d'informations factuelles sur l'actualité du secteur et actualise un fichier des campagnes de financement. Si l'économie collaborative a été le centre d'intérêt premier, il s'est élargi au *crowdsourcing* et à ce qu'il désigne comme les « mondes autonomes », ces nouveaux business qui se développent autour des voitures autonomes, des drones et des robots, anticipant un nouvel âge des plateformes.

duire, apporter du travail ou des actifs, afin de proposer des services dont certains sont déjà existants, mais dont la solution est nouvelle. On trouve ainsi :

1) Les services aux personnes qu'il distingue entre les services professionnels (le conseil) et ceux du *care* (du ménage aux soins) ;

2) Le monde de l'alimentation, qu'il s'agisse de la préparation ou du partage des aliments et des repas ;

3) Les biens (ceux que l'on prête, ceux que l'on a déjà utilisés et ceux que l'on fabrique) ;

4) L'argent (avec les monnaies virtuelles, le prêt entre particuliers, le financement participatif) ;

5) L'espace (le logement et les locaux de travail ou de stockage) ;

6) Le transport (covoiturage, location et livraison).

Cette approche sectorielle a l'avantage de la simplicité et de la compréhension immédiate, mais elle ignore les traits analytiques, par exemple le degré de professionnalisme des producteurs. Dans une plateforme du type Airbnb, même si des professionnels commencent à y proposer des biens, une grande partie de l'offre relève encore des particuliers. Même si certains assurent le ménage et la remise de clés, on voit fleurir des agences de conciergerie. À l'inverse, dans le modèle Uber, la grande majorité des conducteurs doit démontrer un minimum de professionnalisme en achetant une licence, en suivant une formation et en relevant d'un statut de travailleur indépendant – même si, avec UberPop, l'idée d'offrir un service par des particuliers a été stoppée en France par l'intervention des pouvoirs publics, et que le débat reprend de plus belle avec la plateforme de transport Heetch[35].

Un second critère analytique porte sur la nature des apports, la mobilisation des actifs, des biens d'occasion que l'on échange, que l'on prête ou que l'on revend, et surtout des biens de production de services (appartement, voiture, baby relax, perceuse, etc.). Les idées et la créativité sont une ressource précieuse et représentent un autre type d'apport. Un troisième critère est le degré de standardisation des tâches. Certains secteurs comme l'artisanat pouvent y échapper, car l'établissement d'un devis peut être difficilement automatisable. *A contrario*, il est aisé de décrire les prestations d'un appartement, ses conditions d'utilisation, d'en rendre compte par des photos et les appréciations des locataires précédents.

2.1– Des jeux aux médias sociaux : la loi des réseaux

Les plateformes de jeux sont les plus anciennes et elles sont maintenant massivement multijoueurs. C'est un marché qui pèse environ 120 milliards de dollars dans le monde et dans lequel des éditeurs tels que Activision Blizzard ou Ubisoft se taillent une part de lion. Un quart de ce marché revient à cette curieuse industrie qui fait travailler des centaines de milliers de *gamers*, principalement en Asie. Ils collectent et fabriquent des objets numériques dans les jeux, tels que des armes, des costumes, des avatars, des points de vie, et les revendent.

35. Heetch a été dénoncé par les taxis comme le nouvel UberPop, alors que l'entreprise prétend répondre à une demande insatisfaite : le service fonctionne de 21 heures à 6 heures du matin en région parisienne pour ramener chez eux les jeunes noctambules. L'entreprise limite le montant des revenus, afin que le service garde une dimension bénévole.

Les premières plateformes dédiées aux jeux sont apparues sous la forme de mondes virtuels (tels que Second Life en 2006) ou de jeux sociaux comme Angry Bird. Les *serious games* en sont une autre variante. L'émergence des technologies de réalité virtuelle, telles que le casque Oculus Rift ou la PlayStation VR, vont probablement donner un nouvel élan aux univers virtuels.

Les plateformes sociales ont pris leur élan vers 2005 avec Facebook, précédé de la popularité de MySpace ou, plus régionalement, de SkyBlog[36]. Elles se sont affirmées avec Twitter, LinkedIn, Pinterest, Instagram, et trouvent de nouvelles formes avec WhatsApp et Snapchat. Elles agrègent la conversation des individus et des marques ; servent de clé pour accéder à de nombreux services à travers leurs boutons de connexion ; concurrencent Google dans le champ de la recherche ; elles sont devenues un ingrédient indispensable de toutes les pages du web. Certaines sont davantage orientées vers les contenus, d'autres vers l'interaction. Ce sont des médias à part entière et certaines l'assument en lui donnant une voix directe : Pulse (de LinkedIn) ou Medium.

Les plateformes de rencontres (Meetic et ses concurrents) sont une autre variante. Ce marché particulier de 4 milliards de dollars s'est différencié à la fois dans les cibles et dans le type de rencontres. Elles manient avec force l'« appariement algorithmique » (*matching*) à travers les questionnaires, les indices de similitudes, les recommandations personnalisées. Aux États-Unis, on estime qu'un tiers des mariages contractés entre 2005

36. L'Internet Chat Relay est, ne l'oublions pas, la première forme sociale de l'Internet, largement utilisée dès les années 1990, notamment au travers de l'interface ICQ.

et 2012, feraient suite à une rencontre sur une de ces plateformes de mises en relation[37].

D'autres niches sont exploitées, comme le secteur académique avec les MOOC (Udacity) et les réseaux sociaux (Academia ou ResearchGate). Elles définissent les autorités et prennent la place que s'étaient arrogée les plateformes éditoriales, telles que ProQuest ou Elsevier. C'est un secteur marqué par la question des droits d'auteur et l'*open access*.

Les réseaux sociaux se nourrissent de contenus dans des secteurs comme la musique, avec SoundCloud, la plateforme des DJ et remixeurs qui évolue vers un modèle plus classique de streaming ; la vidéo, avec Vimeo qui s'adresse à la communauté des vidéastes ; le livre, objet de partage par excellence, avec Goodreads qui offre des espaces de vente et d'échange.

2.2– *Crowdsourcing* et places de marché

Les places de marché (*marketplaces*) sont un des modèles les plus stabilisés et les plus développés économiquement. eBay en est un remarquable exemple. On observe des succès régionaux comme Leboncoin en France. Pour les biens de grande consommation, Zalando est un succès européen. La place de marché constitue une grande partie de l'activité d'Amazon, qui désormais vend plus que Walmart, avec un chiffre d'affaires de l'ordre de 100 milliards de dollars et une capitalisation de 300 milliards de dollars fin 2015. Alibaba est devenue la première place mon-

37. John T. Cacioppo et *al.*, « Marital satisfaction and break-ups differ across on-line and off-line meeting venues », *Proceedings of the National Academy of Sciences*, vol. 110, n° 25, 2013.

diale B2B (business to business) et génère un volume d'affaires de 550 milliards de dollars. Flipkart, en Inde, gagne une position dominante. Les *marketplaces* redéfinissent radicalement le métier du commerçant qui achète en gros une marchandise pour la revendre au détail à un prix suffisant et payer ainsi le capital avancé et générer une marge. Les places de marché n'achètent rien, elles s'approvisionnent auprès de la foule. Elles se rémunèrent à la commission sur la mise à disposition aux vendeurs d'un flux de clientèle qu'elles régulent. Elles couvrent des inventaires de plusieurs dizaines de milliers, voire de millions de références, soit cent à mille fois plus que celles de n'importe quel commerçant.

Les plateformes de *crowdsourcing* ont trouvé un vecteur de développement avec l'*open innovation.* Ce mouvement consiste à chercher de nouvelles idées de produits et des améliorations de services en dehors de l'entreprise, y compris chez les clients.

Le *crowdsourcing* est au cœur des plateformes de contenu. Flickr en est un exemple dans le domaine de la photo. Il existe également des plateformes littéraires où les fans écrivent des histoires sur leur héros. Ce sont des fanfics, tels que Wattpad qui revendique 35 millions de lecteurs et de *remixers.* Contenus et échanges marchands peuvent aller de pair. Par exemple, sur la place de marché Discog, 300 000 contributeurs maintiennent un catalogue presque universel de la musique (7 millions de titres). C'est un outil de travail précieux pour les collectionneurs, les DJ, les professionnels de la radio.

Le *crowdfunding* est une autre variante qui se concentre sur la collecte d'argent. Parmi les plus connues, il y a la plateforme Kickstarter. Spécialisée dans le domaine créatif, elle a récolté plus de 2 milliards de dollars provenant de plus de 10 millions de contributeurs. Avec Indiegogo, les sommes collectées sont reversées au destinataire même si l'objectif de collecte n'est pas atteint. Ce sont des modèles de donation qui offrent des contreparties, telles que des exemplaires des créations produites, une relation particulière avec l'artiste, des places de spectacles. En France, KissKissBankBank ou Ulule ont récolté 100 millions d'euros chacune.

Le modèle s'étend à des domaines financiers plus caractéristiques, comme les plateformes de prises de participation au capital d'une entreprise – pratique que les États autorisent et réglementent depuis peu. Parmi les leaders, on trouve Crowdcube et Crowdfunder, l'allemand Companisto et l'anglais Seedrs. Leur rôle est de mettre en relation les porteurs de projets des start-ups et les investisseurs. Elles se définissent comme des alternatives à mi-chemin entre le capital-risque (*venture capital*) et l'introduction en Bourse, en dépit de montants qui restent encore modestes, de l'ordre de quelques centaines de millions d'euros au total.

Le prêt n'échappe pas au mouvement d'une finance P2P et représente des montants beaucoup plus élevés. Prosper.com aurait distribué près de 7 milliards de dollars de prêts, presque autant que SoFi ou le Lending Club (4 milliards de dollars en 2015). Plus d'une centaine de plateformes de *crowdfunding* immobilier permettent d'investir dans la pierre à partir de quelques milliers d'euros, comme RealCrowd. L'ensemble de ces entreprises participe au mouvement des FinTechs qui fascine et inquiète le monde bancaire et financier. Le risque de ces plateformes est double : elles occupent un rôle de prêteur en dernier ressort, faisant peser des taux d'intérêt élevés sur les consommateurs les plus démunis ; les prêteurs professionnels, les banques, ont tendance à fournir une proportion de plus en plus grande de fonds, renchérissant le coût des prêts. C'est en particulier vrai aux États-Unis, où le taux des prêts dépend du score de crédit des emprunteurs. Sur Lending Club, quand les meilleurs scores (A) paient un taux de 6,97 % en janvier 2016, le plus mauvais grade (G) doit supporter un taux de 28,01 %. On se souvient de la crise des *subprimes* !

2.3– Du modèle collaboratif au modèle *on-demand*

Les plateformes de l'économie de la fonctionnalité comme Vélib' ou Autolib', ou Zipcar sont en réalité des modèles de location pas très différents des modèles traditionnels. Ces plateformes sont aussi physiques : les parcs de stationnement et leurs équipements, le système d'information, les équipes de rapatriement font partie du dispositif.

Les plateformes de consommation collaborative forment le segment le plus visible de cet univers, même si, après un véritable enthousiasme, la désillusion semble désormais dominer quant à ses vertus de partage. Elles connaissent un succès planétaire avec Airbnb ou BlaBlaCar et occupent des niches, telles que la location de bateaux avec Click & Boat. Le modèle Etsy permet à l'aquarelliste, le potier ou « mamie confiture » de vendre des objets uniques et des produits maison à des consommateurs en quête d'authenticité. Il présente l'intérêt de valoriser une production domestique et d'ouvrir l'espace du voisinage. Il s'inscrit parfaitement dans l'esprit des faiseurs (*makers*), même si cela apporte un certain degré de marchandisation. Certains en font un métier, mais le revenu médian des vendeurs reste de l'ordre de 1 000 dollars annuels, confinant ce type d'activité à un rôle de revenu accessoire.

Du point de vue des valeurs (réduire le gaspillage, encourager l'entraide entre voisins), le prêt d'objets est le modèle quasi fondateur de l'économie collaborative. C'est sans doute dans l'idée du partage de repas que cet esprit collaboratif s'exprime le mieux (par exemple, Feastly ou Cookening). Mais il met en lumière un des problèmes critiques des plateformes : l'alimentaire est, pour des raisons évidentes de santé, d'hygiène et de sécurité, le secteur plus réglementé et contrôlé dans le monde, obligeant ces plateformes à développer des solutions d'assurance. À mesure qu'elles couvrent des marchés plus vastes, les autorités aborderont ces questions de normalisation de manière différente.

2.4– Le travail à la tâche

Depuis 2015, l'expression de « *digital labor* » est employée pour décrire le travail constitué de microtâches distribuées et recomposées par des plateformes spécialisées. Il s'agit d'Amazon Mechanical Turk ou du finlandais Microtask. Elles permettent ainsi de répartir l'écriture d'un programme informatique, la traduction d'un livre ou le sous-titrage d'un film entre les internautes, payés à peine de quelques euros pour des microtâches.

Les Captchas constituent une autre forme de *digital labor*. En proposant aux internautes de reconnaître un nombre ou une lettre sur une image, le procédé teste que la personne qui se connecte n'est pas un robot. Un rôle de superviseur lui est attribué dans un vaste programme de reconnaissance de caractères.

Les utilisateurs ont été transformés en petites mains de l'algorithme.

Une seconde famille de plateformes de travail est en train de fleurir. Elle célèbre la gloire du travail indépendant, touche une foule de graphistes, de codeurs, de traducteurs, de baby-sitters, mais aussi d'électriciens, de plombiers ou de jardiniers. C'est l'économie des *freelancers*, qui couvre des secteurs allant du conseil à la mécanique, du *care* au ménage. Deux plateformes dominent cette famille : Upwork et Thumbtak. La première couvre les services professionnels (graphiste, programmeur, comptable), la seconde, les services domestiques (bricolage, jardinage, dépannage). L'arrivée d'Amazon Home Services dans ce secteur laisse envisager un développement rapide de ce modèle. La multitude d'initiatives (à l'image de MesDépanneurs) souligne la nécessité d'une collaboration harmonieuse avec le monde de l'artisanat. Le mode de coordination de ces plateformes dépend de la profession, du degré de standardisation des tâches et du degré d'expertise. Pour les artisans, elles s'articulent autour du devis et de la standardisation de l'archivage.

Une troisième famille a trait à la logistique, notamment celle dite du « dernier kilomètre ». Les innovations affluent dans ce secteur. Par exemple, Friendshippr et PiggyBee mettent en relation ceux qui voyagent et ceux qui veulent faire transporter un colis à travers le monde. Pour la livraison du dernier kilomètre, la floraison des start-ups est remarquable avec Deliveroo, Allo-resto, Delivery Hero ou Uber Eats, qui s'emparent, à vélo ou en automobile, de la livraison à domicile. Quant à la plateforme Instacart, considérée comme un *personal shopper*, elle propose de faire livrer ses courses par ses voisins.

Tout comme pour le transport de personnes la question du statut devient critique : s'agit-il de salariés ou de travailleurs indépendants ? Le volume d'emplois potentiels dans le domaine de la livraison (*delivery*) est certainement plus important que celui du transport de personnes. Les innovations permettent d'obtenir des gains de productivité dans un secteur qui ne s'y prête pas de manière traditionnelle. L'emploi de coursiers à vélo et les techniques de groupage réduisent les coûts d'investissement et d'énergie. L'objectif est de parvenir à réduire de manière drastique les coûts de transport unitaires[38], par exemple en livrant des pizzas tout en amenant un passager à son domicile, comme le fait désormais Uber Eats à Paris. La logistique ne s'arrête pas au transport, elle concerne aussi le stockage. L'exploitation de ressources excédentaires (les surfaces des entrepôts non utilisées, les coffres de voiture vides) aboutit à la création de nouvelles entreprises, à l'instar de Costockage qui propose en France plus de 600 000 mètres cubes de réserve dans les hangars sous-utilisés des entreprises et les garages des particuliers.

2.5– Des données à la fabrication

La publicité programmatique a conquis près de 40 % du marché de la publicité digitale. Il s'agit d'un écosystème dans lequel des plateformes regroupent pour certaines l'offre d'espaces (SSP), pour d'autres la demande (DSP), et d'autres encore agis-

38. De manière concrète et dans le cas français, il s'avère que le prix de la livraison à domicile s'est révélé trop élevé par les méthodes classiques représentant un montant de l'ordre de 10 euros pour une valeur du panier de course de 80 euros. Il s'agit donc pour ces entreprises de réussir à descendre en dessous des 5 euros.

sent comme des Bourses et assurent les transactions (Ad Exchange). Elles sont complétées par des plateformes de données (DMP) qui permettent aux acteurs d'accéder aux informations permettant de mieux cibler les consommateurs et de choisir les meilleurs espaces publicitaires. L'ensemble du système permet de coordonner des milliards de transactions dans une fraction de seconde. Il illustre la capacité des plateformes à interagir, les plateformes agissant rarement seules.

Un autre exemple de plateforme de données est celui de GitHub. Les développeurs y déposent leurs programmes et les jeux de données pour les mettre à disposition (de manière ouverte ou non), afin de coordonner le développement de leurs projets. Des modèles publics émergent aussi avec les politiques d'*open data* des États et des collectivités, mais aussi dans les initiatives *open source* telles qu'OpenStreetMap qui, aujourd'hui, est en mesure de concurrencer Google Maps.

Les objets connectés suscitent une grande agitation et on assiste au lancement de nombreuses plateformes qui gèrent les données produites par ces nouveaux dispositifs. Dans le sport, une application telle que Runkeeper touche déjà plus de 50 millions d'utilisateurs. Leur flux de données est enregistré, stocké et redistribué à l'utilisateur et éventuellement à des tiers, alimentant des programmes de coaching, la surveillance médicale, mais aussi l'esprit de compétition en diffusant les performances dans les réseaux sociaux.

À travers ces quelques exemples se dessine un monde où les plateformes de données jouent un rôle central. Une grande variété d'acteurs (consommateurs, marques, concepteurs, opérateurs de service, acteurs publics, chercheurs) interagissent de manière presque instantanée et exploitent des données produites de manière continue. Les technologies du *big data* ouvrent un champ quasi illimité à leur mise en œuvre.

Dans un avenir proche, on peut prédire la croissance des plateformes de fabrication notamment celles qui se développeront autour des *makers* et des techniques d'impression 3D – peut-être pas immédiatement sur le marché des particuliers, mais très certainement dans le domaine professionnel. Le plombier imprimera le joint introuvable, le dentiste les prothèses de ses clients, le mécanicien un écrou, etc.

L'exemple du textile permet de mieux comprendre les configurations possibles. Un idéal est de revenir à la conception sur mesure pour s'adapter à toutes les morphologies sans les réduire à un petit nombre de tailles prêtes à porter. Pour automatiser la production, il est nécessaire que les robots de coupe et de couture puissent avoir les mesures individuelles, par exemple avec la technologie ImageTwin. Un certain nombre de sociétés ont mis sur le marché des scanners pour prendre les mensurations des clients et constituent des stocks de données mises à la disposition des marques. Ces dernières se chargent d'ajuster les patrons à ces mesures pour programmer des robots capables de produire de manière unitaire à grande échelle. On imagine alors un mouvement de relocalisation de la fabrication, peut-être même directement dans la boutique, ne serait-ce que pour réduire les délais de livraison. Des places de marché de modèles 3D émergent, à l'instar de Shapeways, fondée aux Pays-Bas, qui aurait délivré près de 2,5 millions de produits, ou encore de Sculpteo, une start-up française qui vient de passer un accord avec le géant de la distribution de fournitures de bureau Staples.

Cela concerne cependant un marché de niches souvent très professionnelles : architectes, mécaniciens, prototypeurs.

3– Les modèles d'affaires des plateformes

Comment les plateformes produisent-elles de la valeur ? Pour un même effet utile, c'est-à-dire la valeur subjective qu'en retire le consommateur (par exemple le goût de la pomme), différentes propositions sont possibles : extraire un arôme et l'offrir à l'état pur, le combiner à d'autres ingrédients solides ou liquides, vendre le fruit à l'unité, abonner le consommateur à une livraison hebdomadaire ou mensuelle, etc. De la même manière, les coûts peuvent avoir différentes répartitions : être à la charge de celui qui distribue la valeur, ou être reportés sur les consommateurs eux-mêmes.

Comment cette valeur se traduit-elle en un revenu qui permet de couvrir les coûts et les investissements ? Cette question est celle des modèles d'affaires *(business models)* dont de nombreux auteurs ont développé la théorie et que l'on peut résumer selon le modèle suivant[39] : dans un cadre inter et intra organisationnel, des ressources sont combinées en proposition de valeur et se traduisent par certaines structures de coût, la marge résultant évidemment de la différence de ces deux éléments.

39. *Cf.* Benoît Demil, Xavier Lecocq, « Business Model Evolution: In Search of Dynamic Consistency », *Long Range Planning*, 43, 2010.

Dans cette perspective, on voit des combinaisons se dessiner. Le modèle traditionnel est celui où l'entreprise achète des matériaux, investit dans les machines, avance le salaire du travail pour produire et distribuer des objets qui permettront aux consommateurs, moyennant un effort limité, de jouir de ses services. Imaginons que l'industrie automobile renonce à vendre les voitures et préfère les louer, prenant en charge d'autres tâches (la gestion du parc, le financement, la maintenance). Grâce à des marges supplémentaires, elle donne de nouvelles possibilités aux consommateurs, par exemple de pouvoir changer souvent de véhicule. C'est le cas récent d'Audi, qui propose de partager un modèle de voiture avec ses voisins. Cette approche, qui valorise davantage le service rendu que l'objet, est appelée « économie de la fonctionnalité » et se traduit comme un « modèle à la demande ». Imaginons un monde où le consommateur achèterait différents composants à de nombreux fournisseurs et où le constructeur se chargerait d'assembler les pièces, de livrer le véhicule et d'en gérer l'usage. Ce sont des manières différentes de répondre à un même besoin.

Le *business model* des plateformes est principalement lié aux sources de revenus. Une commission ? La monétisation publicitaire de l'espace et des données ? Un abonnement ? Des produits dérivés ? Dans quelle combinaison ?

3.1– Les modèles publicitaires

Les plateformes de médias captent l'attention d'une audience large ou d'un public ciblé et louent des espaces pour des messages payants. Leur modèle de prédilection est fondé sur la publicité. Dans sa page de résultats, Google place dans la colonne de droite et au sommet, un espace pour des liens sponsorisés qu'il met aux enchères en fonction des mots saisis par l'internaute. Ce modèle est utilisé depuis longtemps par les journaux, la radio ou la télévision. Sa seule nouveauté réside dans l'universalité du média et dans les capacités de ciblage contextuel ou comportemental. Comme la ressource de ce modèle est basée sur l'audience, des services attractifs et engageants doivent être proposés, même gratuitement, pour maintenir un niveau élevé d'attention. Celle-ci est ensuite vendue aux annonceurs.

La génération du contact qualifié (*lead*) est une variante. LinkedIn (*via* SlideShare) génère des revenus conséquents en proposant aux entreprises de déposer gratuitement leurs présentations commerciales, les fameux PowerPoint, mais en revendant les coordonnées des individus qui les ont consultées. Cela devient le moyen d'identifier des clients potentiels. Un autre exemple est celui des comparateurs. Le cas de la plateforme LesFurets, un comparateur d'assurance, est illustratif. L'entreprise se rémunère quand le consommateur ayant choisi une compagnie d'assurance formule une demande de devis. L'entreprise génère environ 200 000 devis par mois. Le coût du *lead* peut atteindre quelques dizaines d'euros. Ce modèle de distribution représenterait aujourd'hui près de 70 % des contrats d'assurances automobile en Grande-Bretagne.

3.2– Faire payer les transactions

Les modèles fondés sur le prélèvement d'une commission (fixe ou proportionnelle) sont le modèle de revenu privilégié des places de marché. Instauré par eBay, il s'est généralisé dans l'ensemble des modèles de consommation collaborative. L'ordre de grandeur de la commission est de 10 % à 20 %, mais dans le cas des plateformes de réservation comme Booking, le taux peut être bien plus élevé. C'est en tout cas une part de valeur importante qui est prélevée par l'intermédiaire. Celle-ci est d'autant plus forte que l'intermédiaire a une position dominante. Dans le cas des hôtels, lorsqu'ils doivent atteindre le taux de remplissage rentable en basse saison, les plateformes de réservation sont les seules issues.

Par qui faire payer la commission ? L'offreur du bien ou son utilisateur ? Dans quelle proportion ? Dans le modèle des plateformes de réservation, le client est libre de ne rien accepter, l'hôtelier en revanche a besoin de louer. C'est donc lui qui paye la commission. Pour BlaBlaCar, c'est celui qui bénéficie du service qui la verse, à la place de celui qui en tire un revenu. Dans le cas d'Airbnb, les frais de commissions sont partagés. La règle c'est de faire payer le versant de marché le moins sensible au prix, ou celui qui bénéficie le plus de l'autre partie, ou encore celui qui exploite le mieux la valeur de l'autre[40].

Le modèle de la commission, au-delà du revenu ainsi généré, est aussi une intermédiation du paiement qui expose les plateformes aux régulations du secteur bancaire. Le mécanisme adopté conduisant souvent à ce que le fournisseur du bien ou du service soit réglé après la délivrance du service, les plateformes disposent au moins pendant quelques jours de fonds qui, s'ils sont importants, peuvent les amener à développer des

40. Comme le rappelle l'économiste et spécialiste des plateformes, Andrei Hagiu, « Strategic Decisions for Multisided Platforms », *MIT Sloan Management Review*, 2014.

stratégies d'optimisation financière. C'est ce qui a conduit eBay à acheter PayPal en 2002[41].

3.3– L'abonncment et ses variantes

Les modèles qui s'appuient sur l'abonnement demandent un degré d'implication élevé des utilisateurs. Les médias sont largement confrontés à ce problème de consentement à payer quand ils passent au digital. Le lecteur en contenu numérique n'est pas prêt à payer le montant de l'abonnement papier, c'est toute la problématique des *paywalls*[42] dans le secteur de la presse. Dans l'univers des réseaux sociaux LinkedIn est la principale réussite avec un chiffre d'affaires de près de 500 millions de dollars en 2015, grâce à son abonnement Premium. Pour les places de marché, il existe par exemple la formule Prime d'Amazon qui permet aux abonnés d'accéder à des contenus exclusifs et de bénéficier des frais de livraison offerts sur un nombre limité de produits.

Champions de l'édition scientifique, ScienceDirect, Proquest, Jstor proposent des abonnements à plusieurs dizaines de milliers d'euros pour des milliers d'universités, de laboratoires et de centres de recherche. Le contrat collectif entre les universités françaises et Elsevier aboutit à une facture de 260 millions d'euros. Une bataille complexe de droits oppose les tenants de

---

41. Mais en 2015 les deux entreprises ont été scindées contre l'avis du président d'eBay pour des motivations tenant à la valorisation boursière des deux entreprises.

42. Un *paywall* est un dispositif qui limite l'accès de manière plus ou moins forte aux informations d'un média digital à ceux qui n'y sont pas abonnés, pour maintenir la vente du papier. Il permet aussi de vendre des articles à l'unité et très récemment, pour résister à l'installation massive de bloqueurs de pub, il est employé pour demander au lecteur de désactiver les *adblockers*, s'ils veulent accéder au contenu.

l'*open access*, qui veulent accéder aux publications scientifiques sans péage, et les avocats de ces néo-éditeurs. Les publications sont la matière première de l'activité scientifique, tout autant qu'elles en sont le résultat. Les chercheurs sont à la fois producteurs et consommateurs. Grâce à l'agrégation des publications, ces plateformes peuvent calculer l'influence des revues et la performance de ceux qui y contribuent. Elles animent la compétition avec leur système de notation, chorégraphiant le concours de beauté de la science.

Dans le modèle de l'abonnement, la structure la plus courante est celle du Freemium qui associe la gratuité à des fonctionnalités réduites, ou différents niveaux de prix pour des fonctions additionnelles. C'est un modèle populaire et robuste qui conduit au succès quand les entreprises savent transformer des utilisateurs gratuits en clients payants. Ce taux de transformation est de l'ordre de 10 % pour les plateformes de streaming qui l'ont quasiment toute adopté. La bataille que se livrent Spotify, Deezer, Pandora, Beats, etc., est celle du bon bouquet de fonctionnalités proposé à un prix acceptable. L'univers de la VOD joue exclusivement sur le modèle payant, le plus souvent initié par un essai gratuit de trente jours.

3.4– Marchés internes et produits dérivés

Une autre manière de générer des revenus est de fournir gracieusement l'accès au service de la plateforme, tout en vendant des produits dérivés ou des fonctions additionnelles. Il s'agit par exemple des modèles fondés sur la vente d'objets virtuels dans l'univers du jeu. Snapchat, le réseau social de partage de photos qui cible les ados, a repris le principe en vendant des filtres chromatiques ou le visionnage de certaines photos. Une variante s'appuie sur la vente d'équipements et d'accessoires. C'est le cas d'Apple qui réalise l'essentiel de son chiffre d'affaires par la vente de smartphones (avec une marge de 45 %), dont la valeur d'usage dépend largement des services offerts par la multitude d'applications disponibles dans l'Apple Store. Le monde des objets connectés commence à suivre ce modèle. C'est le cas de Nest, le thermostat intelligent de Google. Les revenus de ce modèle peuvent être complétés par la vente d'accessoires ou de consommables. On peut l'imaginer dans le monde de l'impression 3D, avec un coût d'entrée pour l'achat de l'imprimante, puis l'acquisition des consommables selon le bon vieux modèle de la photocopieuse.

Une généralisation de ces modèles apparaît dans l'usage des monnaies privées et virtuelles qui facilitent le micropaiement. Par exemple, sur des plateformes pornographiques comme Cam4, les clients achètent des lots de « coins » qu'ils utilisent pour donner des pourboires à ceux qui s'exhibent (ce sont des amateurs qui fournissent un service de peep-show). L'entreprise se rémunère par un taux de change lorsque les utilisateurs veulent transformer la monnaie virtuelle en monnaie plus officielle. D'autres versions plus sophistiquées rémunèrent les contributeurs, comme Flattr qui est utilisée par Wikileaks et d'autres ONG ainsi qu'une multitude de musiciens et de blogueurs. On s'engage à verser chaque mois une somme d'argent qui est mise dans un pot commun. Cette somme est ensuite redistribuée entre les participants, proportionnellement au nombre de « clics » qu'ils ont reçus de la part de ceux qui apprécient leur création. La plateforme se finance par un prélèvement de 10 %.

Ce modèle crée un véritable marché interne que l'on retrouve dans les approches de consommation alternative et véritablement collaborative, où les crédits peuvent être obtenus sans opération de change : prêter une tondeuse fait gagner des crédits qui peuvent être accumulés pour emprunter d'autres objets. Dans un tel modèle, un processus de création monétaire serait effectivement mis en œuvre.

3.5– La commercialisation des données

L'ouverture des données de la SNCF peut jouer un rôle majeur dans le développement d'un écosystème de plateformes de transport, tant pour la commande de billets que pour des services tels qu'informer les taxis et Uber de l'arrivée des trains, indiquer aux commerces le rythme des flux d'acheteurs potentiels, etc. Pour cela, il faut que les horaires d'arrivée et de départ soient associés aux statistiques des passagers. C'est désormais une source de revenu potentiel.

Les plateformes d'objets connectés, en particulier ceux qui mesurent les paramètres de notre activité (du nombre de pas aux battements du cœur) adopteront certainement le modèle de la commercialisation des données. Tous les grands acteurs du secteur mettent en place leur plateforme de santé, un espace de stockage des données personnelles des utilisateurs dans lequel les applications viennent chercher leurs indicateurs auprès des utilisateurs qui les ont autorisées. Mais des tiers, comme les assurances, peuvent calculer les risques des clients même à partir de données anonymisées et agrégées. Reste à savoir comment s'organiseront les tarifs liés au flux d'information : gratuité pour les usagers ? Paiement au flux pour les applications ? Forfaits à tarif très élevé pour un accès illimité ? De nombreux défis devront être relevés. Il faudra résoudre la question de la propriété des données, du respect de leur confidentialité ; gérer la perte de valeur probable qu'induit leur agrégation ; décider des manières de les transformer et de les diffuser. C'est un domaine où l'imagination sera reine.

4– Une question de contingence

Les *business models* des plateformes sont souvent liés à leur histoire et à leur localisation géographique. Il n'est pas étonnant qu'Alibaba, plateforme orientée vers le commerce entre entreprises, soit apparue en Chine, car il fallait connecter les commanditaires américains et les ateliers chinois. Son extraordinaire développement est lié à la globalisation. Son modèle économique est différent de celui d'Amazon. Alibaba s'appuie essentiellement sur des services dérivés et sur la publicité, alors qu'Amazon se rémunère sur des commissions. De même, Airbnb s'appuie sur la commission et Couchsurfing se rémunère par la certification des contacts.

Le succès phénoménal de BlaBlaCar s'est construit en France dans la conjonction d'un espace démographique de grandes villes moyennes que séparent les vides ruraux et de l'abandon des liaisons ferroviaires interrégionales, de l'augmentation des prix du TGV et de la stagnation du pouvoir d'achat. Tous ces éléments prédisposaient à l'émergence d'un modèle de covoiturage. Etsy, la plateforme de vente de produits faits main, fait écho aux fondements culturels de Noël aux États-Unis, notamment la tradition et l'authenticité des *halfway items*, ces objets industriels semi-finis que chacun parachève en y apportant sa patte[43]. La plateforme de livraison Deliveroo explose au Royaume-Uni, notamment grâce au type de contrats zéro heure (*zero-hour contract*). Toutes les plateformes ne connaissent pas le succès partout, car les configurations économiques, sociales, matérielles, réglementaires, culturelles sont souvent distinctes dans chaque pays.

Cette contingence justifie la notion d'un écosystème. Tout d'abord, par rapport au concept de « *path dependency*[44] » qui enracine une innovation ou une technologie dans un contexte historique donné et déterminant quant à son devenir. Cela s'oppose aux conceptions ergodiques qui supposent que les processus aboutissent à un état final indépendant de ses origines, que défendent les conceptions classiques de la théorie économique. Ensuite, dans le cadre de l'écologie des populations et des communautés qui donne une importance critique aux phénomènes d'imitation et de légitimation, la prolifération des plateformes résulte à la fois du transfert d'idées transportées d'un secteur à l'autre, et parce que leur large diffusion leur procure une légitimité qui facilite l'accès aux ressources. Aujourd'hui, les multiples formes de modèles de plateformes ont acquis cette légitimité et ne sont plus des modèles de rupture ou alternatifs, mais deviennent une option organisationnelle dont l'adoption

43. L'expression et l'analyse sont celles de William B. Waits, *The Modern Christmas in America: A Cultural History of Gift Giving*, New York University Press, 1993.

44. Giovanni Dosi « Technological Paradigms and Technological Trajectories: a suggested interpretation of the determinants and directions of technological change », *Research Policy*, vol. 11, n° 3, 1982.

est en elle-même une source de légitimité. C'est toute la question de la transformation digitale évoquée ici à travers quelques exemples.

Dans les télécoms, les marques *low cost* font reposer leurs services après-vente sur des plateformes sociales, B&You a été le premier à le faire en 2011. On voit des initiatives similaires chez Darty et sa plateforme d'entraide à la manière de « Comment ça marche », ou chez Leroy Merlin avec la plateforme de travaux de particuliers à particuliers Fribiz. Dans un autre secteur, la stratégie collaborative de la Maif, mutuelle des instituteurs, se traduit par des prises de participation dans Koolicar et GuestToGuest. Cet ouvrage se concentre sur les *pures players*, même si certaines entreprises traditionnelles se sont engagées résolument dans un mouvement de « plateformisation ». Ce terme – sémantiquement pas plus heureux que le mot ubérisation – est celui autour duquel Jean Tirole, prix Nobel d'économie, et Frédéric Mazzella, fondateur de BlaBlaCar, se rencontrent. Il a l'avantage de refroidir les ferveurs utopiques et la fièvre idéologique, et de porter le débat sur les propriétés fonctionnelles et organiques des nouvelles manières de coordonner les activités économiques et sociales. S'il manque d'élégance, il souligne simplement et efficacement l'enjeu du digital aujourd'hui, le passage d'un mode d'organisation à un autre.

– III –

L'économie des plateformes

> « Le changement est toujours en dernier ressort un changement dans les habitudes de pensée. »
>
> Thorstein Veblen, 1898

L'histoire des grandes entreprises ruinées par une innovation radicale qui surgit dans le paysage, sans prévenir, et assèche le marché est une litanie. Le moteur à explosion a renvoyé le cheval aux écuries, le transistor a brisé l'ampoule électronique, le MP3 et le P2P ont laminé l'industrie du disque, Kodak s'est trompé d'« instant », qui n'est plus le « clic-clac » du déclenchement de l'appareil, mais le clic du partage sur les réseaux sociaux.

Une nouvelle vague de destruction créative est à l'œuvre et peut balayer des secteurs tels que la banque ou le commerce. C'est aussi le cas dans les transports. L'hôtellerie est menacée et la distribution est grignotée. Les services aux professionnels ou à la personne sont sans doute les prochaines cibles. Des modèles plus agiles, au déploiement rapide et économe en investissements – car s'appuyant sur ceux engagés par d'autres sans les menacer frontalement – sèment le doute et fragilisent les marges. L'idée d'innovation destructive n'est pas une nouveauté[45]. Elle se traduit par l'« ubérisation » et s'accompagne du qualificatif « disruptif » que la paresse intellectuelle se refuse à traduire simplement par « perturbateur ». C'est cette même paresse qui nous conduit à voir une économie du partage là où de nouveaux modèles économiques donnent de magnifiques exemples de prédation.

Les modèles de plateforme empruntent à une multiplicité de mécanismes économiques qu'il faut identifier. Ils appartiennent à la branche de l'économie de l'information. Ce chapitre interroge leurs caractéristiques concurrentielles. Si elles se révèlent véritablement monopolistes, ce serait un motif majeur pour que la puissance publique les régule. L'économie des plateformes est aussi celle de la redéfinition des frontières du marché. C'est là l'aspect le plus important. Il se manifeste dans le principe du bouquet, dans la réintermédiation et dans la construction de nouveaux écosystèmes.

45. L'expression de destruction créative est celle de Schumpeter qui a donné naissance à une riche bibliographie, dont une référence clé est celle de William J. Abernathy et Kim B. Clark, *Innovation: Mapping the Winds of Creative Destruction*, Harvard Business School Working Paper, 1983. Elle souligne que le caractère révolutionnaire d'une innovation réside dans son aptitude à remettre en cause soit un paradigme technique (le transistor qui se substitue à l'ampoule), soit socio-commercial (le développement automatique des pellicules qui déplace la distribution du photographe professionnel à l'atelier de serrurier dans le centre commercial), celles qui ne bouleversent pas les règles sont simplement incrémentales.

1– Six mécanismes économiques

Pour bien comprendre le caractère explosif de la croissance des modèles de plateformes – du moins ceux qui réussissent, ce qui n'est pas si fréquent[46] –, il est indispensable de rappeler quelques mécanismes économiques. Ils sont au nombre de six, s'articulent, se renforcent mutuellement et donnent forme à de nouvelles organisations.

Le premier mécanisme est le *crowdsourcing*, littéralement l'approvisionnement par la foule. C'est l'opposé des modèles industriels qui concentrent leurs sources d'approvisionnement. Avec les plateformes, l'approvisionnement est largement dispersé et ne génère donc pas de coût pour l'exploitant. Le second mécanisme est au cœur des marchés à plusieurs versants et justifie l'idée étonnante que l'on peut gagner de l'argent en délivrant des services gratuits. Le troisième mécanisme s'appuie sur l'économie de la variété induite par le *crowdsourcing*. Grâce à la diversité de la longue traîne, on exploite le marché dans ses veines les plus fines, d'autant que les coûts marginaux sont presque nuls. Dans l'économie de la diversité, il est nécessaire de disposer de systèmes hétérogènes de correspondance (appariement) de l'offre et de la demande, et de maîtriser sa réputation. Le marché des plateformes introduit aussi le principe de la qualification (*rating*). C'est une économie d'externalités de réseaux et de standard qui connaît des problèmes de taille critique[47].

46. Pour les quelques dizaines de plateformes dont le succès foudroyant éblouit les commentateurs, il ne faut pas oublier les milliers d'échecs et d'entreprises avortées. Les plateformes comme toutes les innovations de marché répondent à la loi du gaspillage : il faut de nombreuses réussites pour un succès. Et même si celui-ci est acquis, d'autres transformations sont encore nécessaires pour qu'il puisse se pérenniser.

47. Carl Shapiro, Hal R. Varian, *Information Rules: A Strategic Guide to the Network Economy*, Harvard Business School Press, 1999.

1.1– Les ressources du *crowdsourcing*

Nous nous sommes habitués à cette idée que l'offre de nouveaux biens résulte d'un projet. À partir d'une idée, l'entrepreneur recueille des fonds pour construire une unité de production et assurer par la suite le remboursement des prêts et de la rémunération du capital investi sur la base d'un excédent d'exploitation. Dans le modèle de l'économie collaborative, le capital productif et le travail de production sont apportés par les usagers, réduisant ainsi de manière considérable les besoins en capital de l'entrepreneur. Dans ce cas, le travail nécessaire pour assurer le service est externalisé systématiquement vers l'usager. Il y a longtemps que les entreprises ont mis les consommateurs au travail pour réduire les coûts (pousser un chariot dans les rayons, vider son plateau dans les fast-foods ou confier aux clients le soin d'assister les autres clients), mais la nouveauté réside dans la mise à disposition d'actifs sous-utilisés.

Le terme de « *crowdsourcing* » a été forgé par Jeff Howe[48] en référence à l'*outsourcing*, une sorte d'externalisation radicale. Le *crowdsourcing* couvre une grande variété de tâches. Des plus simples, par exemple celle orchestrée par Amazon Mechanical Turk, aux plus complexes, telles que les concours de *machine learning* lancés par Kaggle, en passant par des situations intermédiaires en termes de complexité cognitive et d'intensité de travail, telles que la mise à jour de la plateforme OpenStreetMap.

Dans le cas de tâches complexes (par exemple, un client qui fait développer un programme par *crowdsourceurs* sur une plateforme), la gestion des droits de propriété sur les lignes de code

48. Jeff Howe, « The Rise of crowdsourcing », Wired.com, 6 janvier 2006.

des *crowdsourceurs* peut être une difficulté. Elle est partiellement résolue par les licences de type copyleft. Un second problème concerne la fiabilité des éléments fournis, par exemple la saisie des caractères scannés dans le projet reCAPTCHA. Le problème majeur reste cependant celui de l'incitation. Comment motiver ? Comment rémunérer ? La synthèse de Ricardo Buettner[49] en fournit un panorama. Il souligne d'abord la balance entre les motivations intrinsèques qui requièrent des incitations symboliques (participer de manière militante à une œuvre commune dans le projet OpenStreetMap), et ensuite les motivations extrinsèques, principalement monétaires. Buettner codifie la coordination des *crowdsourceurs* : recrutement et sélection des participants, planification des tâches, mesure des performances, formation. Le savoir-faire des plateformes réside dans la capacité à trouver des solutions digitales à ces problèmes.

Le chercheur Andrei Hagiu utilise l'outillage conceptuel de la théorie de l'agence[50] et du risque moral pour analyser le choix entre un modèle de plateforme et une organisation traditionnelle, entre l'habilitation (*enabling*) et le contrôle (*controlling*). Le risque moral vient de ce que les actions d'une des parties lèsent l'autre sans qu'elle puisse se défendre. Par exemple, si on laisse les *crowdsourceurs* établir les prix, ils peuvent les fixer trop haut

49. Ricardo Buettner, « A Systematic Literature Review of Crowdsourcing Research from a Human Resource Management Perspective », 48ᵉ Hawaii International Conference in System Sciences (HICSS), 2015.

50. La théorie de l'agence (ou dilemme de l'agence) est la branche de l'économie qui s'occupe des conséquences du problème principal-agent, en particulier à l'intérieur d'une même unité économique, administration ou entreprise. Le but est de modéliser une relation dans laquelle un « principal » recrute un « agent » dans des conditions d'information imparfaite. *Cf.* Andrei Hagiu, Julian Wright, « Enabling versus Controlling », Harvard Business School Working Paper, n° 16-002, juillet 2015.

et ainsi réduire le chiffre d'affaires global et le revenu de la plateforme. Celle-ci préférera alors fixer elle-même le prix et garder le contrôle. De même, en laissant aux hôtes le soin d'équiper des chambres, Airbnb court le risque d'avoir une décoration de mauvais goût. C'est ce qui conduit le groupe Accor à standardiser ses chambres. Hagiu met en évidence que pour une large gamme de décisions, un choix entre l'externalisation et le contrôle interne est possible. Il démontre que le choix optimal dépend de l'intensité et de l'importance relative des risques moraux subis par les deux parties. Le rôle du digital élargit le spectre des décisions transférables. Un bel exemple est donné dans la médecine où certaines mesures qui ne pouvaient être effectuées qu'à l'hôpital ou en laboratoire, peuvent, grâce au numérique, être transférées au généraliste. Les technologies numériques peuvent ainsi, en redistribuant les tâches, redéfinir complètement l'organisation des soins et encourager un mouvement de décentralisation.

Cependant, Andrei Hagiu ne répond pas à deux questions d'économie morale. D'abord, le *digital labor* est un travail non rémunéré ou sous-rémunéré qui s'apparente largement à du tâcheronnage et relègue une partie de l'emploi au registre de l'économie domestique. Par exemple, le covoitureur n'est pas rémunéré et se contente de réduire les frais directs associés au coût du voyage. Ensuite, en mettant à disposition son actif (la voiture), il accroît le taux d'utilisation des actifs immobilisés sans dégradation marginale de l'investissement (il est peu probable qu'un passager supplémentaire pèse sur l'usure du véhicule), réduisant probablement la demande du marché de l'automobile. L'optimisation de l'organisation ne crée pas forcément un équilibre économique pour la société dans son ensemble.

Le *crowdsourcing* est aussi une question d'échelle : il suffit qu'une fraction faible d'utilisateurs alimente régulièrement la plateforme en contenus pour répondre à l'appétit de diversité de la très grande majorité. Quand 100 000 individus contribuent à raison de 100 contributions chacun, c'est 10 millions de contenus disponibles pour une population de 10 millions d'utilisateurs, même si la part des contributeurs n'est que de 1 %. Cette observation conduit à s'interroger sur la distribution statistique des *crowdsourceurs* et du volume de leurs contributions, d'autant que l'on assiste à des évolutions notables. Ainsi, dans le marché prometteur des prêts *peer-to-peer*, les acteurs institutionnels jouent un rôle important ; sur eBay, les vendeurs les plus actifs détiennent une grande part des transactions ; sur Airbnb, à New York, les 6 % des hôtes qui proposent plus de trois chambres représentent 40 % du volume de transactions. La foule est une ressource largement sous-employée, mais elle n'est cependant pas homogène, pas plus que ses incitations et ses motivations.

1.2– Des marchés à plusieurs versants

Un second mécanisme propre à l'économie des plateformes est celui des marchés à plusieurs versants, dont Jean Tirole a mis en évidence l'effet fondamental[51] : les firmes qui exploitent plusieurs versants du marché peuvent maximiser les profits, en acceptant un prix inférieur au coût marginal sur l'un des versants si le profit sur un autre est suffisant. Plus précisément, le

51. Voir l'article fondateur de Jean Tirole, écrit avec Jean-Charles Rochet, qui a ouvert le champ à une vaste littérature économique et s'intéresse notamment à la compétition entre les plateformes : « Platform Competition in Two-Sided Markets », *Journal of the European Economic Association*, 2003.

ratio des prix dans chacun des versants est proportionnel au ratio élasticité-prix.

Le marché à plusieurs versants s'applique principalement à la presse qui a pour revenu la vente par abonnement et celle au numéro, mais aussi celui du marché de la publicité. Le lectorat et les annonceurs ne sont pas indépendants : plus l'audience est large et plus la page de publicité est chère. En revanche, trop de publicité peut réduire l'audience. Dans ce type de marché, l'équilibre optimal peut aboutir, comme c'est le cas pour la presse gratuite, à la nullité du prix de vente au numéro. C'est ce phénomène qui justifie la maxime « quand c'est gratuit pour le client, c'est que le client est le produit ». Dans le cas d'Autolib', il peut se produire une asymétrie entre des stations de prises en charge : certaines peuvent être saturées, si trop de véhicules viennent y stationner et peu en partent. Il est alors nécessaire de réajuster l'offre, soit en employant une force de travail dédiée, soit en payant les conducteurs plutôt qu'en les faisant payer. Cette pratique de prix négatif est fréquente dans l'économie de la récupération où, selon les cours des matières premières (papier, métal, etc.), le récupérateur achète la matière qu'on lui fournit ou se fait payer pour la réceptionner.

Dans l'économie dite collaborative, les versants sont le plus souvent aisément identifiables (conducteurs *vs* passagers), mais parfois la distinction est moins claire. Ainsi, sur les plateformes de rencontre, il y a des hommes qui recherchent des femmes, des femmes qui recherchent des hommes, mais aussi des hommes qui recherchent des hommes, des femmes des femmes, sans compter ceux qui recherchent des couples, et toutes autres combinaisons. Elle peut devenir plus complexe lorsqu'elle comprend bien plus que deux versants : dans le cas d'Alibaba, il n'y a pas que les versants vendeurs et acheteurs. D'autres acteurs prennent aussi une place importante : les agences de publicité, les développeurs et l'ensemble des prestataires de services. Le défi devient alors de gérer les interactions entre ces différentes populations pour réduire les interactions négatives et amplifier celles qui sont positives. Dans l'exemple de la presse, on incitera le lecteur à partager le journal avec ses amis pour élargir l'audience et valoriser davantage la publicité. Dans le monde des médias électroniques, cette tactique se traduit par la notion d'engagement. L'audience vaut d'autant plus qu'elle partage les contenus publicitaires, les commente et fait part de son appréciation.

1.3– La logique de la longue traîne

Un troisième mécanisme est celui de la longue traîne, formulé par Chris Andersen[52], qui suggère que dans le monde digital les stocks ne sont plus un problème, et la somme de biens rarement demandés peut représenter une part substantielle des affaires. C'est une économie de la diversité à spectre très large et très fin. Alors qu'une grande libraire offre déjà quelques dizaines de milliers de références, Amazon peut en proposer des millions par le mécanisme de la longue traîne. Quand le premier doit se concentrer sur les meilleures ventes à concurrence de son espace de stockage, le second réalise des ventes additionnelles sur des centaines de milliers de références demandées à quelques unités.

52. Chris Anderson, « The long tail », Wired.com, janvier 2004.

Ce qui distingue Airbnb des autres structures hôtelières traditionnelles tient dans la diversité des 1,5 million d'offres de logements dans près de 40 000 villes, et dans l'aptitude à satisfaire les demandes les plus singulières, comme l'illustre une campagne de publicité récente qui ringardise le chalet de montagne en faisant l'éloge d'une nuit en téléphérique. La longue traîne n'est que la reformulation de la notion classique d'économie de champs. Booking avait déjà pris l'avantage grâce à l'étendue de son offre et la variété des hébergements proposés. La réponse d'Accor fut d'ouvrir sa plateforme de réservation à d'autres hôtels – que ceux de ses propres marques – jetant le trouble chez ses franchisés.

Dès lors qu'un entrepreneur n'assure plus la fonction de production et de distribution physique des biens et des services (ainsi que le stockage de produits dont la demande est de quelques unités), il est aisé de mettre au catalogue un grand nombre d'articles dont les ventes cumulées peuvent représenter un volume équivalent à celui réalisé par les meilleures ventes.

L'économie de la longue traîne est étroitement liée au déploiement des ressources par le *crowdsourcing*. Pour maintenir son modèle de longue traîne, Amazon a créé et développé une place de marché qui réunit 2 millions de vendeurs, 200 millions d'acheteurs et des millions de produits. Voilà qui donne un avantage compétitif certain. La distribution moderne s'appuie depuis longtemps sur l'élargissement de l'offre pour satisfaire des demandes marginales ; ce qui change radicalement aujourd'hui, c'est l'échelle : quand l'hypermarché offre 30 000 références, les grandes places de marché les proposent par millions.

L'économie de la « variété » (*miscellaneou*[53]), apparue avec eBay, s'incarne aussi dans les places de marché de type Discog, où les amateurs de vinyles échangent des pièces de leurs collections, vendent et achètent à tour de rôle, de préférence des raretés, ce qui pose des problèmes de catégorisation. La notion de variété se rapporte aussi à la figure de l'amateur, du connaisseur, du collectionneur érudit qui ne demande aucun salaire et fauche le pré des professionnels[54]. Autrefois, la variété était faible et il suffisait d'instituer des classements hiérarchisés selon le modèle du classement décimal des bibliothèques ou des rayons de supermarché. Dans l'économie de la variété, les classements sont multiples et les objets valent d'abord pour leurs métadonnées qui permettent à chacun de les retrouver, souvent selon leur ordre propre.

Si stratégiquement l'économie de variété est un moyen de satisfaire la quasi-totalité des désirs, y compris les plus singuliers, il faut faire en sorte que chacun puisse trouver ce qui lui convient, avec les mots et les catégories qu'il utilise. Cela passe par les moteurs de recherche, les filtres, les assistants virtuels, les moteurs de recommandation, l'indexation. Plus que la capacité d'agréger l'offre, ce qui devient déterminant c'est d'associer une demande spécifique à une offre singulière. Le rôle de sélection effectué par le commerçant laisse place à celui de prescripteur. L'hétérogénéité est le défi que doivent relever les plateformes.

---

53. Cette expression a été suggérée par David Weinberger, *Everything Is Miscellaneous: The Power of the New Digital Disorder*, Holt Paperbacks, 2008.

54. Andrew Keen dénonce cette culture sans hiérarchie ni catégorie, qui menace les droits d'auteur, la vie privée et ruine par la gratuité les véritables producteurs. *Cf.* Andrew Keen, *The Cult of the Amateur: How Today's Internet Is Killing Our Culture*, Doubleday, 2007.

1.4– La science de l'appariement (*matching*)

Les économistes se sont intéressés au marché d'appariement (*matching market*) dès les années 1960, pour traiter les cas où l'offre est peu homogène : par exemple, le mariage, l'orientation des étudiants, la greffe de rein, le marché du travail ou de l'immobilier. En 1962, deux chercheurs[55] proposent un algorithme d'acceptation différée qui permet de constituer des couples stables. Le principe est simple : les hommes qui n'ont pas encore trouvé leur partenaire proposent le mariage à la femme qu'ils préfèrent parmi celles qui ne les ont pas encore refusés. La femme accepte (ou pas) l'offre jusqu'à ce qu'elle trouve mieux. L'algorithme est itératif et s'arrête lorsque chacun a trouvé son conjoint, ce qui se produit systématiquement si le nombre d'hommes et de femmes est égal – car aucun couple formé ne bloque la formation des autres.

Cette branche de l'économie a des conséquences évidentes dans le monde des plateformes, elle donne les outils pour évaluer les dispositifs d'appariement particuliers. C'est typiquement ce qu'exploitent les plateformes avec les marchés à plusieurs versants. Le cas de la plateforme de rencontre OkCupid est tout à fait intéressant à ce titre. Ce modèle utilise une batterie de plusieurs milliers de questions auxquelles les souscripteurs répondent partiellement et progressivement, dévoilant ainsi leurs préférences : style de vie, goûts sexuels, valeurs morales ou religieuses. Ces confessions permettent de calculer les préférences *a priori* des uns pour les autres à travers un score de compati-

55. David Gale, Lloyd S. Shapley (prix Nobel d'économie, 2012), « College Admissions and the Stability of Marriag », *American Mathematical Monthly*, vol. 69, n° 1, janvier 1962.

bilité[56]. Il permet d'évaluer les préférences, lesquelles seront, dans un second temps, exploitées par les moteurs de recommandation de la plateforme.

Mais ce dispositif n'est pas suffisant, car les profils ne sont pas toujours actualisés. Par conséquent, si le coût de recherche est plus faible, celui du filtrage augmente. On estime que plus de la moitié des profils ne sont pas disponibles et ne consultent plus la plateforme, soit parce qu'ils ont trouvé l'heureux élu, soit parce qu'ils sont momentanément absents. C'est le phénomène de la congestion. Il conduit à compléter la panoplie des instruments, par exemple avec le principe des fleurs, qui consiste pour la plateforme à donner (ou vendre) un nombre limité (moins d'une dizaine) de roses virtuelles aux hommes, afin de renforcer la valeur de signal du message qu'ils adressent aux femmes. En principe, elles prendront plus au sérieux les messages « coûteux » que les autres, et elles y répondront plus facilement. Une autre technique consiste à faire payer pour visiter les profils de manière anonyme afin de ne pas être contraint d'engager une conversation qui n'aura pas de suite. Ces dispositifs visent à introduire des frictions sociales qui, paradoxalement, accroissent la sensation de bien-être.

Au problème de congestion s'associe celui de marché insuffisamment « épais », c'est-à-dire de marché où le nombre de transactions est faible. Il affecte notamment les plateformes de jobs.

56. On ne discutera pas de la pertinence du calcul, mais soulignons que ces réponses portent à la fois sur ce que l'individu dit sur lui-même et sur ce qu'il attend d'un partenaire possible, le tout étant pondéré par une note d'importance de la question pour le répondant. Ce type de méthode laisse intacte la question de l'honnêteté des réponses, qui est justement une des limites dans l'application des algorithmes d'appariement.

Même si elles comptent des millions d'offres et de propositions dans leurs fichiers, ces dernières ne sont pas toujours valables à tout moment et en tout lieu. Il est aisé de taper une requête de recherche d'un conducteur qui aille le 25 décembre d'Oloron-Sainte-Marie à Vierzon, mais cela à peu de chance d'aboutir. Pour peu qu'une fraction importante des demandes et des offres possède ce caractère de rareté, la déception de ne rien trouver risque d'amener les utilisateurs à abandonner une plateforme. Dans le cas du covoiturage, épaissir le marché se traduit par des algorithmes qui prennent en compte non seulement le parcours exact, mais aussi les parcours qui se superposent (ce que fait BlaBlaCar) et, mieux encore, qui soient capables de proposer une combinaison de trajets et de conducteurs (ce que ne fait pas encore BlaBlaCar) – c'est l'équivalent des correspondances.

Les marchés d'appariement introduisent aussi la question de conception des mécanismes de marché (*market design*[57]). Au-delà de la simple fixation des prix, elle met en valeur l'activité centrale de ces nouveaux modèles économiques : celle de la coordination – travail effectué autrefois par les courtiers et qui se fait maintenant à une échelle extrêmement vaste. Elle se délie de la nature locale des marchés, et accorde aux règles une importance considérable, car elles autorisent la fluidité du marché. C'est un éclairage précieux pour les plateformes, dont la force est justement d'opérer au mieux cet ajustement. C'est l'expression concrète de la notion d'architecture qui caractérise les plateformes.

57. Alvin E. Roth, *Who Gets What – and Why: The New Economics of Matchmaking and Market Design*, Houghton Mifflin Harcourt, 2015.

Sur les places de marché traditionnelles, à l'image de la place du village, les offreurs et les vendeurs d'un nombre limité de produits se rencontrent et les transactions s'effectuent grâce à la convergence vers un prix. Les plateformes, elles, sont des mécanismes sophistiqués d'ajustement d'une demande et d'une offre hétérogène et infiniment diverse (c'est ce qui expliquerait le succès d'Uber ou d'Airbnb). Il ne s'agit pas du marché dans son essence (la rencontre d'une offre et d'une demande), mais des règles mêmes de conception du mécanisme de rencontre de l'offre et de la demande, qui ne peut pas se limiter à la formation spontanée d'un prix. De ce point de vue, les plateformes sont de nouvelles modalités d'organisation des marchés qu'elles internalisent et dont elles définissent les règles visibles.

1.5– Des marchés de réputation

Les prix ne sont pas les seuls régulateurs des échanges ; des mécanismes plus subtils font rencontrer des offres spécifiques et des demandes singulières. C'est ce que peuvent faire les plateformes en réduisant la congestion et en épaississant les marchés. En agissant de la sorte, elles tendent à créer des échanges entre des acteurs économiques qui ne se connaissent pas, ne voient pas les produits avant de les avoir consommés, et ne disposent pas de toute l'information utile pour prendre une décision. Si leur vertu est de mettre en relation ceux qui ne se rencontreraient pas dans les marchés ordinaires, il faut alors créer les conditions de la confiance.

Les plateformes sont aussi des marchés de réputation. Pour une plateforme, médiatiser la confiance entre les individus est essentiel pour l'élargissement de leur marché. La réputation permet de doser la confiance et donc de déterminer des échelles de prix. D'ailleurs, les conducteurs de covoiturage n'hésitent pas à rappeler à leur passager de ne pas oublier de leur attribuer une note, et l'on voit se développer des marchés dérivés, souvent douteux, où l'on peut acheter des *like* ou des avis positifs. La réputation est la croyance développée à partir du jugement que produisent les autres à propos d'un objet. Ainsi, la bonne réputation d'un vendeur sur eBay provient de la somme des jugements positifs produits par les acheteurs à son égard.

Toutes les plateformes ont développé des systèmes permettant de produire des signes de confiance. Ainsi, les systèmes de notation, de collecte et de présentation des avis de consommateurs (éventuellement sur la certification de certains acteurs) ont pour objectif de faciliter les échanges individuels, mais aussi de favoriser l'attraction pour l'espace de marché des plateformes. C'est ce qui a conduit eBay à modifier en 2008 son système de notation pour redonner un élan à la croissance du nombre des transactions conclues dans la plateforme et à leur valeur.

Le manque de signes de confiance peut stopper la croissance de certaines plateformes. C'est le cas de Twitter qui, en ne censurant pas, permet qu'une large proportion de comptes soient animés par des robots et laisse des propos extrémistes se développer. En se passant de tout système d'évaluation, hormis le nombre de *followers*, la plateforme est devenue moins attractive. Des solutions pourraient être apportées par une certification plus systématique des comptes et une notation de leur pertinence[58].

58. Une solution d'allongement des messages fut envisagée. Son effet pourrait être positif, moins par l'amélioration des contenus, mais par un effet d'exclusion : il serait plus difficile pour les *trolls* et les robots de produire des textes de 10 000 caractères !

Le paradoxe des systèmes de réputations est que s'ils rassurent et développent les affaires, ils animent aussi la compétition interne en donnant l'avantage aux agents les mieux dotés et notés, incitant les autres à découvrir les moyens d'être mieux appréciés. Ce paradoxe est d'autant plus important qu'il crée et amplifie les inégalités : à mesure que la compétition pour la réputation se développe, les acteurs les mieux dotés et les plus compétents s'octroient les meilleures opportunités. Imaginons une plateforme de prise de rendez-vous chez le médecin, par exemple Zocdoc[59], dont le coût d'abonnement pour les médecins est de l'ordre de 300 dollars mensuel – bien moins qu'une secrétaire médicale – qui permettrait la notation par les patients. Un tel système deviendrait incompatible avec la volonté d'un accès aux soins pour tous.

1.6– Le rôle des externalités de réseaux et de standards

Les externalités de réseaux et de standards sont intrinsèques aux plateformes et à leur technique. Contrairement à l'économie des biens, la valeur qui fonde la décision des consommateurs n'est pas constituée par les caractères propres du produit, mais l'usage qu'en font les autres. Pour les plateformes, l'externalité de réseaux est liée au fait que chaque individu peut obtenir toute l'offre qu'il souhaite. Quand des centaines de millions de personnes y adhèrent, la probabilité d'obtenir ce que l'on souhaite, même si elle est d'un pour mille, devient une certitude.

59. À vrai dire, plusieurs tentatives de site de notation de médecins ont avorté en France vers 2008 se heurtant d'abord à des habitudes culturelles, à la jurisprudence, mais aussi à l'hostilité de l'ordre des médecins. L'association à un dispositif de mise en relation (prise de rendez-vous) pourrait changer la donne.

Ce qui est rare devient accessible et la valeur de la plateforme croît. En outre, il est difficile de passer d'un standard à un autre, car des coûts de changement doivent être engagés : c'est ce qu'on appelle l'externalité de standard. Le consommateur familier d'une plateforme a acquis des habitudes, mis au point des routines, rempli des formulaires, connecté certaines applications. Changer de plateforme, même si la nouvelle est plus ergonomique, lui demande un effort. Tout comme les externalités de réseaux, cela signifie que la première entrante sur le marché qui conquiert suffisamment de clients verrouille le marché et n'a à disputer aux derniers entrants que les « adopteurs » tardifs. La dépendance est créée par les standards et les coûts de changement immunisent contre la concurrence.

On retrouve dans les modèles collaboratifs des combinaisons spécifiques issues de mécanismes économiques traditionnels qui se renforcent mutuellement et en assurent le succès. La notion d'échelle est fondamentale et pose un défi aux plateformes : leur survie dépend d'une croissance rapide qui les amène plus vite que les autres à l'échelle critique.

2— Le gagnant rafle la mise

Les thèses de l'économie de l'information, en particulier l'externalité de réseaux, dessinent un monde de monopole où celui qui vient en premier et prend la tête s'empare de la totalité du marché. C'est le fameux « *the winner take all* » (le gagnant rafle la mise) que l'économiste Robert H. Frank cite dans une de ses colonnes hebdomadaires du *New York Times*. Il ajoute que cette maxime fait référence à Alfred Marshall, l'un des économistes les plus influents de son époque qui eut notamment pour élève John Maynard Keynes. Ainsi, Marshall rappelle que dès la fin du XIXe siècle, tant que les coûts de transport étaient élevés, l'industrie du piano était locale et fragmentée. Puis, avec la diminution du coût de transport, il explique comment celle-ci s'est concentrée dans quelques manufactures. Dans le monde de l'information, la cause du phénomène est attribuée principalement aux externalités de réseaux.

C'est cette thèse qui effraie, laissant penser que dans chaque grand secteur une entreprise puisse dominer le monde. L'une régnant sans partage sur la recherche d'information, l'autre sur les relations sociales, une troisième sur le logement, une autre sur les taxis et, pourquoi pas d'autres, sur la recherche d'emploi, sur les diagnostics de santé, etc. On imagine alors un monde structuré par une série de monopoles sectoriels qui repoussent les limites du service public dans des encoignures sombres des vieilles villes devenues des sortes de parcs d'attractions désuets. Cela n'est qu'une illusion : les plateformes ont un pouvoir de marché qui dépend plus de leur taille que de leur qualité intrinsèque, mais les utilisateurs se laissent peu assujettir à une seule plateforme. Les utilisateurs d'Uber auront remarqué que les conducteurs ont plusieurs téléphones dans la voiture. Et s'ils sont curieux, ils sauront que les chauffeurs utilisent souvent plusieurs applications, passant de l'une à l'autre. Ce comportement est nommé *multihoming*[60].

60. *Cf.* par exemple Sami Hyrynsalmi, Arho Suominen, Matti Mäntymäki, « The influence of developer multi-homing on competition between software ecosystems », *Journal of Systems and Software*, vol. 111, janvier 2016 ; ou encore Roberto Roson, « Platform Competition with Endogenous Multihoming (January) », *FEEM Working Paper*, n° 20.05, janvier 2005.

Rares sont les consommateurs qui se satisfont d'un seul réseau social pour échanger avec leurs amis. En pratique, les individus qui fréquentent les réseaux sociaux en utilisent deux ou trois, ne serait-ce que pour gérer des cercles de nature différente : un réseau pour les amis, un autre pour la famille, un troisième pour les relations professionnelles et un autre, éventuellement, pour entretenir discrètement des relations amoureuses ou pour jouer à des jeux vidéo. Cette hétérogénéité encourage à segmenter. Il y a la place pour plusieurs réseaux différenciés.

Les effets d'externalité de réseaux peuvent aussi jouer dans la phase de naissance d'un nouveau marché. C'est le cas actuellement de la livraison et des plateformes de « petits boulots » (*gig economy*). Les populations utilisatrices y sont réduites, les effets d'externalités ne jouent pas de manière forte. En revanche, à mesure que le marché grandit, la plateforme la plus grande bénéficie d'un avantage croissant.

Un dernier effet intervient contre le *winner take all.* L'exemple des applications est illustratif. Les développeurs ont intérêt à ce que le *store* contienne peu d'applications, car ils n'ont pas envie que la leur soit noyée parmi des milliers d'autres. Pour les utilisateurs, c'est l'opposé, car ils ont intérêt à avoir un choix le plus large possible. Comme les développeurs peuvent difficilement limiter le nombre de concurrents, ils sont incités à déposer leurs applications sur plusieurs plateformes.

La domination, à un moment donné, ne signifie pas toujours un verrouillage définitif du marché. Le cas de MySpace est un modèle du genre ; cette plateforme, conçue initialement comme un réseau social (largement inspiré de Friendster), connaît jusqu'en 2007 un grand succès. Après avoir culminé à 140 millions de membres, elle a été largement dépassée par Facebook, se contractant peu à peu et se confinant à une plateforme musicale différenciée.

Un autre cas est celui des navigateurs web. Netscape s'est fait chasser par Explorer de Microsoft, lequel est ensuite disputé par Firefox, lui-même en passe d'être dominé par Chrome. Les équilibres évoluent. Même si temporairement une part de marché écrasante est obtenue, un concurrent s'appuyant sur une complémentarité peut contester l'apparente domination : le système d'exploitation pour Microsoft, l'*open source* de Mozilla ou le moteur de recherche pour Google, etc.

En dépit du fait qu'elles couvrent des populations d'usagers ou de clients qui dépassent les échelles connues, les plateformes ne présentent pas de menace monopolistique majeure qui justifierait des mesures radicales de lutte contre les pratiques anticoncurrentielles.

Le cas d'Amazon est intéressant. L'économiste Paul Krugman a critiqué le modèle quasi monopolistique d'Amazon dans le secteur particulier du livre. Selon lui, le problème n'est pas que le marché des consommateurs ne fonctionne pas, bien au contraire, il fonctionne à leur bénéfice. Le problème pourrait se situer dans le fait qu'Amazon puisse imposer ses prix aux fournisseurs, notamment aux éditeurs. Cela risquerait de faire disparaître l'offre des plus petits éditeurs qui vivent de livres spécialisés dont la diffusion est réduite et qui ne peuvent pas couvrir les mêmes charges que les éditeurs de best-sellers. La concurrence joue non pas directement sur les acteurs du secteur, mais indirectement et en amont du marché. Ce n'est pas cependant une spécificité des plateformes, mais davantage celle des canaux de distribution.

Un autre cas intéressant est celui d'Airbnb dont les pratiques peuvent affecter l'équilibre économique de l'industrie hôtelière. Dans ce secteur caractérisé par des capacités fixes, on peut difficilement offrir de nouvelles chambres quand la demande augmente et inversement – l'optimisation économique passe par l'utilisation d'un système de gestion tarifaire : le *yield management*. Des tarifs élevés – et parfois extrêmement élevés – sont fixés durant les périodes de congrès et de salons, ce qui permet de supporter les périodes où les taux de remplissage sont faibles. Même en supposant que finalement Airbnb ne prenne pas une part de marché très élevée durant ces périodes et pour ce segment de marché – les professionnels ont des attentes de services et de disponibilité plus élevées –, une pression sur les prix pratiqués peut être exercée. Elle est d'autant plus forte qu'Airbnb ne fixe pas les prix, les laissant à la libre décision de ses hôtes, et fournit des instruments d'optimisation qui permettent aux individus de fixer des prix optimaux. C'est cette stratégie de pilotage des prix qui est mise en œuvre de manière encore plus brutale par Uber et qui se traduit par une politique de Surge Pricing.

S'il semble difficile d'adhérer à l'idée d'une nature monopolistique des plateformes, il n'en demeure pas moins que lorsqu'elles acquièrent une position dominante, elles n'hésitent pas à s'appuyer sur cet avantage pour imposer des règles qui sont à leur faveur.

Le cas de Booking est révélateur. Objet d'une enquête de l'Autorité de la concurrence, en coordination avec la Commission européenne et les autorités italiennes et suédoises, un accord a été obtenu pour stimuler la concurrence entre plateformes de réservation en ligne et redonner aux hôtels davantage de liberté en matière commerciale et tarifaire. Les engagements pris par la plateforme pour cinq ans sont entrés en vigueur dès le 1er juillet 2015, avec un point d'étape fin 2016. Voici une liste des actions qui sont désormais possibles pour les hôtels, et que Booking interdisait jusqu'alors sous peine de déréférencement des hôtels sur sa plateforme :

– Proposer des prix plus bas sur les autres agences de voyages en ligne (Online Travel Agency, OTA).

– Proposer des prix plus bas sur les autres canaux hors ligne (SMS, réception).

– Proposer des prix plus bas dans le cadre des programmes de fidélité.

– Consentir des conditions commerciales plus avantageuses aux autres OTA.

– Recontacter des clients antérieurs.

Ce sont les pratiques abusives qui posent question, révélant du même coup que le problème soulevé par les plateformes est moins celui d'une concurrence sans entrave, qu'un problème politique. Le pouvoir que s'octroient les plateformes en établissant les règles et en distribuant les droits est parfois démesuré, surtout lorsqu'il fait voler en éclats les institutions et les valeurs.

Avec Uber le véhicule qui prend un passager est celui qui en est le plus proche au moment de l'appel. Cela bouscule le principe de l'ordre de passage matérialisé par les files d'attente.

Certes, cette règle permet de minimiser le temps d'attente du client. Mais les files d'attente, pourtant génératrices de congestions, favorisent un partage équitable des revenus entre tous les taxis. On comprend que même à prix égal, le choix des consommateurs risque d'être vite fait. Le problème politique est de savoir quelle valeur il faut avantager : le partage juste des revenus ou la satisfaction des consommateurs. L'économie n'est pas capable d'y répondre, quant à la politique, dans la mesure où les consommateurs sont plus nombreux que les travailleurs, tout laisse penser que ce sont ces derniers qui auront le dernier mot.

2.1– Redéfinir des frontières

On pourrait croire que les plateformes se jouent des frontières et des États, mais leur appétit sans limites se heurte au libre arbitre des consommateurs. Consommer, c'est se donner l'option de pouvoir utiliser un bien ou d'accéder à un service. Les politiques Freemium ont augmenté de manière phénoménale la possibilité de levée d'option, à tel point que la concurrence ne s'exprime plus en termes de consommation effective, mais de consommation potentielle. Il s'agit d'une redéfinition des frontières du marché. Si autrefois il y avait des marchés distincts, par exemple un pour le blé et un autre pour le maïs, c'est parce que d'un côté il y avait des consommateurs de pain et des producteurs de farine de blé, et de l'autre des consommateurs de galettes de maïs et des producteurs de farine de maïs. Désormais, les clients d'un kebab hésitent entre le pain et la galette et se soucient moins de savoir quel fast-food a le meilleur pain ou la meilleure galette, mais qui offre ce choix. La compétition entre les produits est maintenant celle entre les distributeurs.

Les plateformes sont les nouveaux distributeurs, elles offrent un choix presque infini.

2.2– La logique des bouquets

La compétition n'est plus celle des produits, mais celle des bouquets[61]. Entre Airbnb et Booking la question n'est pas de savoir qui fournit le meilleur hôtel ou le plus bel appartement, à prix égal, mais qui propose la meilleure solution de logement dans une situation donnée. Le consommateur qui a des contraintes horaires importantes et a besoin d'un hébergement couvrant une large gamme (de l'auberge de jeunesse au 5 étoiles) choisira Booking. Quant à Airbnb, il se positionne mieux sur la qualité d'expérience du séjour, pourvu que l'on accepte des contraintes d'attente et de rendez-vous. D'un seul coup, le marché de l'hôtellerie ne se segmente plus seulement selon un niveau de gamme, mais selon une certaine manière d'accéder au logement et selon une contrainte sociale acceptée ou imposée à l'égard de l'hôte.

Examinons les ressemblances et les différences entre BlaBlaCar et Vélib'. Le modèle Vélib' est tout à fait traditionnel. Il correspond à une socialisation des moyens de consommation, dans la mesure où la propriété des bicyclettes est parfaitement définie. Elles appartiennent à une société (privée) qui en loue l'usage (cela pourrait indifféremment être l'État). Il serait ainsi plus juste de parler d'économie de la fonctionnalité, une variété

61. L'expression et la notion de compétition de bouquet sont empruntées à Philippe Moati, *L'économie des bouquets. Les marchés de solutions dans le nouveau capitalisme*, L'Aube, 2008.

du modèle classique de la location. Dans le cas du covoiturage, la propriété des moyens de consommation (les voitures) demeure entre les mains des usagers. L'entreprise qui assure le service (BlaBlaCar) ne se rémunère que sur l'activité de mise en relation. Le point commun de ces deux services est l'usage systématique des technologies de l'information pour coordonner une demande et une offre extrêmement hétérogènes. L'offre et la demande ne sont plus structurées par des types de trajets, mais par des types d'agendas. Par ailleurs, la SNCF propose d'autres modalités de transport que le train. On voit des alliances se dessiner et de nouvelles plateformes vont certainement puiser dans les API des différents opérateurs de transports les ressources nécessaires pour proposer de nouvelles solutions.

2.3– Réintermédiation

Les modalités d'intermédiation redéfinissent les marchés. C'est un phénomène régulier depuis l'apparition de l'Internet. En effet, si les circuits de distribution des produits comportent traditionnellement des intermédiaires (commerçants de gros, de demi-gros et de détail), c'est parce qu'ils permettent la réduction des frictions et de l'information. En concentrant l'approvisionnement, les intermédiaires sélectionnent les produits de qualité, optimisent la logistique et fluidifient un marché. On peut d'ailleurs étendre le raisonnement à l'industrie qui assemble des pièces détachées pour produire des biens prêts à l'usage. Quand bien même l'assemblage est peu coûteux à réaliser (à l'image du mobilier Ikea), sans la présence d'un intermédiaire qui nous renseigne sur la disponibilité et la comptabilité des pièces, nous risquerions de ne rien consommer.

La disponibilité de l'information autorise une désintermédiation. Une meilleure circulation de l'information permet de réduire les stades intermédiaires et de susciter une économie plate dans laquelle les producteurs sont directement en relation avec les consommateurs. Ainsi, la nouvelle économie de l'impression 3D défend l'idée que les consommateurs pourraient assembler eux-mêmes les matières élémentaires sans coût d'intermédiation autre que l'achat des plans de montage.

Les plateformes nous apprennent que ce n'est pas tout à fait le cas. Elles sont en grande partie une forme de réintermédiation. Alors même que l'hôtellerie et les sociétés de transports se sont dotées de moyens de vendre directement leurs chambres et les trajets par leurs sites web et de s'affranchir des agences de voyages, on voit apparaître une multiplication de plateformes de réservation qui prennent le dessus.

On assiste à une réintermédiation des marchés de biens et de services, avec de nouveaux acteurs et de nouvelles modalités. Les plateformes en sont la forme. Pour comprendre cette transformation, il faut s'intéresser à autre chose que la circulation de l'information et l'organisation logistique. Le client, que ce soit un consommateur ou une entreprise, a besoin d'être informé de l'existence des alternatives pour faire un choix. Il a besoin de traiter l'information. La disponibilité de l'information s'est considérablement accrue et ses coûts d'acquisition considérablement réduits, mais son coût de traitement augmente en proportion.

Alors, comment choisir ? Comment décider ? La prescription est déterminante, cela devient la fonction économique principale des plateformes. Elles sont en mesure de proposer des inventaires extrêmement larges et de mieux recommander ce qui convient aux clients.

2.4– L'importance de l'écosystème.

Les plateformes constituent un écosystème. Ceci signifie que leurs relations ne sont pas seulement des relations de compétition pour s'arroger la plus grande part de consommateurs et de fournisseurs. Ce sont aussi des relations de complémentarité entre plateformes, comme les boutons de connexion qui permettent de s'inscrire à un site en un seul clic et de transférer l'information de son profil directement depuis son compte Facebook.

Une étude a permis d'identifier trois phases dans le développement de l'écosystème d'Alibaba[62]. La première phase, qualifiée de naissante, est un *hub* où se retrouvent l'offre et la demande. La stratégie consiste à assurer le dépassement de la taille critique en renforçant la confiance entre les membres et la plateforme. Dans une seconde phase, celle de la formation du modèle, Alibaba laisse plus de latitude aux acteurs et renforce l'interactivité et l'identité de l'écosystème. La finalité est l'intégration par l'augmentation des fonctions. Pour la troisième phase, symbiotique, la plateforme fournit des capacités aux différents types d'acteurs (fournisseurs de service, acheteurs, vendeurs, publicitaires) et à la manière de conduire leurs interactions. Elle les intègre de manière organique en multi-

62. Barney Tan, Shan L. Pan, Xianghua Lu, Lihua Huang, « The Role of IS Capabilities in the Development of Multi-Sided Platforms: The Digital Ecosystem Strategy of Alibaba.com », *Journal of the Association for Information Systems*, vol. 16, n° 4, 2015.

pliant les outils de communication, d'information, de transaction. Ces trois phases montrent quel spectre de capacités technologiques doit être mis en œuvre afin de générer plus de valeur pour les différents groupes d'acteurs, et aussi comment renforcer la dépendance de chacun en faisant croître les coûts de sortie. On retrouve là l'argument monopolistique.

L'incitation économique des plateformes à atteindre l'échelle la plus grande possible réside moins dans l'idée de l'absence de concurrence que dans la capacité à créer un lien indissoluble. Une fois sa structure définie, chaque membre additionnel coûte peu. De même, la taille de l'infrastructure compte peu : moins de 10 centimes le gigaoctet. Les plateformes élargissent rapidement leur horizon géographique, tout en continuant à mettre le local à une portée globale. L'internationalisation est une nécessité, même si le terreau de leur développement est toujours local.

Si la taille compte, la densité compte plus encore. La croissance des plateformes passe par la colonisation progressive des grands centres urbains de la planète pour toucher ensuite les plus petits. La plateforme est un modèle attaché à une certaine densité de population : celui des mégapoles et de leurs satellites. Elles sont les instruments ultimes de la globalisation, d'un ordre qui se constitue moins par les particularités culturelles que sur la régularité des trivialités. Ce qui importe est moins la distance que le temps. Un temps que les obstacles de la vie urbaine fractionnent et menacent, que l'on perd dans les transits incessants. N'oublions pas que les plateformes tiennent dans la paume d'une main.

Ces mécanismes sont-ils suffisants pour expliquer le succès des plateformes ? Il manque un élément : les institutions. Les plateformes ne sont pas neutres et, si elles combinent différents effets économiques pour croître rapidement, c'est par les règles qu'elles imposent leurs options. Elles forment aussi un système de règles qui affectent les comportements des individus et leurs décisions, de manière à favoriser non seulement le bien-être individuel, mais aussi un résultat favorable à l'échelle de l'ensemble de la population, un bien-être collectif. Le mode d'action des plateformes est politique, c'est lui qui révèle les paramètres de la combinaison des processus économiques. Il peut s'analyser en termes de « gouvernementalité[63] ».

63. Concept créé par Michel Foucault, la gouvernementalité désigne la rationalité propre au gouvernement de la population.

– IV –

Comment les plateformes nous gouvernent

« Bergère ô tour Eiffel le troupeau des ponts bêle ce matin. »
Guillaume Apollinaire, *Zone*, extrait d'*Alcools*, 1913

Le principal enseignement de l'économie des plateformes est que le comportement d'un des versants fait l'intérêt de l'autre. La bonne conduite des conducteurs encourage les passagers à préférer la plateforme BlaBlaCar ; la civilité des locataires encourage les propriétaires à partager ; la célérité des livreurs invite à commander une pizza. La bonne gestion des plateformes consiste non seulement à offrir aux clients ce qu'ils attendent – c'est la définition du marketing –, mais aussi à orienter leur conduite pour délivrer un meilleur service. Comment alors recruter une population de conducteurs avenants dans le transport, des hôtes attentifs dans l'hébergement, des membres engagés dans les réseaux sociaux, des vendeurs fiables dans les *marketplaces*, des investisseurs bienveillants sur les plateformes de *crowdsourcing*, des partenaires délicats sur les sites de rencontre ?

Le point commun est de produire un effet sur le comportement général d'une population et pas seulement sur des individus particuliers pour réaliser un objectif spécifique. Quand un État agit sur la sexualité ce n'est pas forcément pour contraindre les individus à répondre à une norme morale, mais parce que le comportement de chacun d'entre eux produit un effet collectif qui l'intéresse. Quand la Chine abandonne sa politique de l'enfant unique, ce n'est pas parce que cette contrainte est inacceptable au regard de ses citoyens, c'est qu'elle découvre que sa population vieillit et qu'il est difficile de tenir ses objectifs de puissance. La population est une ressource, à la fois le moyen et la finalité.

Les techniques employées pour gouverner les populations peuvent se répartir en trois catégories. D'abord le design des interfaces et la définition des capacitations et des restrictions, ce qui est encouragé de faire et ce qui est contraint. Ensuite, le rôle de la police ; les plateformes se comportent comme des États, régulant une portion des comportements par le règlement et son application. Enfin, le système motivationnel maintient le mouvement des agents et la dynamique des populations. Ce sont les algorithmes qui les déploient dans la population, ajustant et automatisant leur application à chaque individu.

1– La conduite des populations

C'est une des idées importantes de Michel Foucault sur la nature de l'État. La population et sa gestion en deviennent l'objet pour ses buts propres. Il en est de même pour les plateformes. Leur souci est moins la somme des préférences que l'effet des comportements collectifs. Ce qui compte pour Airbnb, ce n'est pas que les hôtes potentiels choisissent une plateforme plutôt qu'une autre, mais que leur conduite convienne aux invités. Voilà qui conduit à la notion de « gouvernementalité » telle que l'exprime Michel Foucault : « La population va apparaître par excellence comme étant le but dernier du gouvernement : parce que, au fond, quel peut être son but ? Certainement pas de gouverner, mais d'améliorer le sort des populations, d'augmenter leurs richesses, leur durée de vie, leur santé ; et les instruments que le gouvernement va se donner pour obtenir ces fins qui sont, en quelque sorte, immanentes au champ de la population. [...] La population apparaît donc plutôt que comme la puissance du souverain, comme la fin et l'instrument du gouvernement. [...] L'intérêt, comme conscience de chacun des individus constituant la population, et l'intérêt comme intérêt de la population, quels que soient les intérêts et les aspirations individuelles de ceux qui la composent, c'est cela qui va être la cible et l'instrument fondamental du gouvernement des populations. »

La population des conducteurs, par la qualité de leur conduite, devient ainsi l'instrument par lequel la plateforme fait prospérer son royaume. C'est le gage pour attirer des passagers, tout autant que la finalité de la gestion. Comme pour une boîte de nuit, ce qui fait son succès c'est son public, avec ses beautés et ses excentricités. La population d'une plateforme de prêts d'objets entre particuliers, telle que Zilok, ne vaut que si les participants sont soigneux et ponctuels. Une plateforme sociale monétise mieux la publicité quand son audience est active et engagée.

La notion de population est essentielle et ne se limite pas à une collection d'individus. Dans l'esprit de Foucault, la population est constituée par les individus et leurs interactions, tant qu'ils génèrent des ressources. Elle ne se limite pas aux individus vivants et s'étend aux enfants qu'ils peuvent engendrer. La ressource, c'est la fertilité.

Le cas des plateformes de rencontres (*dating*) aide à comprendre comment s'exerce la gouvernementalité. Le défi est de maintenir et d'augmenter la population qui les fréquente, sachant que cette population n'a pas les mêmes intérêts. Lorsque les hommes cherchent l'occasion d'assouvir un désir, les femmes espèrent nouer une relation durable. Il y a certes des variations, des femmes qui cherchent la bagatelle et des hommes qui espèrent trouver l'amour. Du côté des hommes, l'objectif est d'identifier les rares femmes qui partagent le même désir éphémère, ce qui les encourage à développer des stratégies « stéréotypiques » et parfois machistes en multipliant des sollicitations excessivement directes. Côté féminin, ce sont des stratégies sélectives qui sont favorisées. Elles ne répondent aux sollicitations que si suffisamment de signes de confiance sont produits. Ce qui encourage les hommes à se travestir et les femmes à se dissimuler. Si un tel processus s'enclenche, la plateforme risque d'être rapidement désertée, sauf si les femmes disposent d'une capacité à identifier rapidement les menteurs. Il faut des signaux forts et véridiques[64].

C'est ce que permettent les plateformes de rencontre, en introduisant des signes d'identification : des photos, la rédaction d'un profil, plus de documentation qui réduisent le risque de mensonge du côté des hommes et facilitent sa détection du côté des femmes. C'est l'innovation apportée en premier par Meetic, avec un paiement discriminant selon le genre. D'autres plateformes s'appuient sur des méthodes de profils affinitaires et des techniques de recommandation. Une autre stratégie consiste à limiter les occasions de contact ou au moins à les rendre coûteuses (*cf.* le système des roses virtuelles), proposée par les spécialistes des marchés d'appariement.

1.1– Le design : capacitation et restrictions

Ce qu'il est possible de faire dans une plateforme dépend largement des possibilités concédées aux utilisateurs, mais aussi des restrictions imposées. Par exemple, le prix est laissé à la discrétion des conducteurs BlaBlaCar, tandis que c'est la plateforme qui le fixe pour Uber. On peut même imaginer un système de « *pay what you want* », qui donne la main aux passagers et serait véritablement collaboratif, car il s'apparente au

64. On retrouve ici une stratégie naturelle que les biologistes ont formalisée avec la théorie du handicap. C'est l'exemple des gazelles qui, lorsqu'elles sont menacées par un prédateur, courent au départ lentement puis bondissent, non pas pour signaler à leurs congénères un danger, mais indiquer au prédateur une si bonne qualité de course qu'elle peut gaspiller de l'énergie à des bonds inutiles. Il s'agit d'un signal « coûteux ». *Cf.* Amotz Zahavi, Avishag Zahavi, *The Handicap Principle: A Missing Piece of Darwin's Puzzle*, Oxford University Press, 1997.

don[65]. Dans un réseau social, on peut laisser un espace illimité de texte comme l'encourage Medium ou, au contraire, le restreindre à quelques mots comme le fait Twitter. On peut empêcher les utilisateurs de communiquer entre eux ou, à l'inverse, les encourager à utiliser certains canaux comme le fait Airbnb.

Ces décisions qui visent à restreindre ou augmenter les actions possibles ne sont pas que techniques, elles font partie du design de la plateforme et définissent la proposition de valeur. Si Airbnb encourage à déposer un grand nombre de photos sur le logement que l'on veut louer, il recommande aussi des photos de qualité, et peut recommander la venue d'un professionnel pour atteindre le standard souhaité : un subtil équilibre entre la mise en valeur et la véracité. Certains comportements sont encouragés et d'autres sont empêchés par le design.

Ces pratiques sont souvent associées à des niveaux de prix différents. Dans les plateformes de streaming, on donnera des qualités de son ou d'image différenciées et un degré de perturbation apporté par la publicité tout aussi différencié. Gratuite, l'écoute est ponctuée de publicité et limitée dans le temps ; payante, elle devient illimitée et n'est plus troublée par la publicité. L'idée est d'exploiter des consentements à payer, selon des prix différents, en offrant des niveaux de services hiérarchisés. C'est la restriction qui est supposée encourager les auditeurs à passer à la version Premium. Tout l'enjeu réside dans la conception (design) de l'offre pour attirer les auditeurs avec la version

65. Dans ce système de prix, le consommateur donne ce qu'il veut. Il a été employé dans le domaine de la musique avec U2, c'est celui des organisations caritatives, il s'éloigne du mécanisme des prix pour tendre vers le don, à moins qu'il ne soit qu'une forme d'aumône.

gratuite[66], puis les transformer en auditeurs payants, tout en encourageant ceux qui payent déjà à continuer à la faire. Cette stratégie marketing s'appuie largement, sur un plan théorique, sur la théorie de la discrimination par les prix[67] : exploiter différents consentements à payer[68] à travers la gestion des versions d'un produit ou service (*versioning*).

Dans les modèles de Freemium, au-delà d'une segmentation traditionnelle, le flux des populations est régulé. On crée une base large de clientèle en offrant une version gratuite qui permet d'expérimenter les agréments du service, et la frustration de n'avoir qu'une partie du service incite à passer à la version supérieure. La subtilité de cette technique est que les restrictions et les augmentations sont dynamiques. C'est ce qu'ont fait les plateformes de streaming en commençant par être généreuses, puis en restreignant les options et en durcissant leurs conditions au gré de la concurrence. L'augmentation des fonctionnalités permet d'accroître les coûts de changement (*switching-cost*) et donc de retenir les clients payants. C'est la stratégie du dealer, faire goûter et accrocher. On peut la comparer à certaines techniques de pêche à la nasse : les poissons sont attirés par un appât, une fois dans la nasse, ils ne peuvent plus en sortir.

66. Eric Benjamin Seufert, *Freemium Economics: Leveraging Analytics and User Segmentation to Drive Revenue*, Elsevier, 2014. Ou encore Charles Zhechao Liu, Yoris, A. Au, Hoon Seok Choi, « Effects of Freemium Strategy in the Mobile App Market: An Empirical Study of Google Play » *Journal Of Management Information Systems*, vol. 31, n° 3, 2014.

67. Au début des années 2000, Hal R. Varian a parfaitement défini l'enjeu dans le cadre de l'économie de l'information. Il est désormais économiste en chef chez Google, son livre est un grand classique : *cf.* Hal R. Varian, Joseph Farrell, Carl Shapiro, *The Economics of Information Technology: An Introduction*, Cambridge UP, 2004.

68. L'objectif est d'extraire le surplus du consommateur qui est la différence entre le prix payé et le prix consenti, son bénéfice en quelque sorte, en ajustant différentes versions de l'offre aux consentements à payer.

La manipulation du design ne va pas forcément dans le sens d'une mise à un niveau supérieur (*upgrading*), elle peut dans certains cas aller dans l'autre sens. Par exemple, la plateforme de photo Flickr a adopté un modèle de Freemium, en proposant avec l'offre gratuite un nombre limité de « téléversements » de photographies. Quant à l'offre payante, professionnelle, elle est illimitée. En 2013, Flickr abandonne cette politique pour offrir gratuitement un téraoctet d'espace à tous les adhérents. Cela s'accompagne d'un changement de modèle économique en faveur du modèle publicitaire combiné à la valorisation du corpus de photos au travers d'une place de marché. Mais si la base photographique est abondante en images (de l'ordre de 10 milliards), elle l'est moins en métadonnées, et notamment en tags qui servent à faire de meilleures recherches et des recommandations précises. Les utilisateurs ne rédigent pas toujours les titres des photos, documentent peu. Alors à quoi la base sert-elle si l'on ne peut pas fouiller dans son contenu parce qu'il n'est ni décrit ni documenté ?

Avec le rachat de LookFlow, un spécialiste du *deep-learning*, Flickr a mis au point un système de tags automatisé des images. Par des techniques de réseaux de neurones et un « codage convolutif », l'algorithme est en mesure de reconnaître l'appartenance des photos à soixante catégories et sous-catégories. Ces tags génériques (proposés par défaut) incitent les utilisateurs à compléter les descriptions de photos avec des mots clés plus spécifiques. Le dispositif accroît ainsi potentiellement la valeur du stock qui peut être exploré plus facilement par des mots-clés plus nombreux avec d'autres outils de filtrage. Les données seules ne sont pas suffisantes, c'est leur transformation, leurs associations, les catégorisations qui produisent la valeur. On comprend bien comment le design n'a pas que pour enjeu l'exploitation des consentements à payer, mais joue aussi un rôle plus profond : orienter les conduites pour produire de la valeur au sein de la population, quitte à changer de modèle économique.

Définir des rôles est une obligation dans les plateformes et participe pleinement à leur conception. Ils se définissent par la configuration des droits qui sont concédés, des obligations et des interdictions. Ils se caractérisent par des profils distincts de restriction et d'augmentation. Contributeur, modérateur, lecteur, éditeur, administrateur, abonné... Des rôles qui contraignent et révèlent les différentes facettes de l'identité de ceux qui les endossent.

1.2– Question de police

La police doit s'entendre dans le sens anglais du règlement intérieur aussi bien que dans le sens français du maintien de l'ordre et de la répression des comportements prohibés. Le terme « *policy* » désigne les droits, les devoirs, les obligations et les interdictions à la fois de la plateforme et de ses usagers, tels qu'on les trouve dans les conditions générales d'utilisation (CGU) et dans les règles de protection des données personnelles et de confidentialité. Elles pourraient être des règles de vie en commun anodines (comme le règlement intérieur d'une piscine), mais elles ont aussi un contenu politique. Si dans une piscine porter un bonnet est une règle élémentaire d'hygiène, d'autres règles peuvent contenir un message politique : l'interdiction du monokini reflète un principe de pudibonderie qui appartient à une conception inégalitaire des sexes, le port du burkini le serait encore plus. La règle de Facebook qui interdit la nudité est du même ordre. Cette règle de censure s'oppose aux libertés fondamentales d'expression, sauf si l'on se résigne à ce que l'espace de la communication sociale soit privatisé. C'est le cas avec les plateformes.

Il existe également des dispositifs de surveillance, de répression et de sanction. La sanction est assez peu nuancée. Elle correspond à l'exclusion, ou plus rarement à une pénalité, comme c'est le cas pour Amazon avec la minoration du score des vendeurs lorsqu'ils envoient un colis avec du retard ou ne répondent pas assez rapidement aux mails de leurs clients. La minoration du score a pour conséquence la relégation dans les queues de classement, et une exposition moindre à la demande. Faut-il nous attendre dans les années à venir à des systèmes de pénalités plus sophistiqués ? Comment distinguer ce qui relève d'une infraction aux règles internes et ce qui appartient au droit commun ? Quelle politique doivent mettre en place les plateformes de covoiturage qui détectent une vitesse de conduite excessive des conducteurs ?

Une police définit également la nature des délits. L'usager peut avoir des pratiques déviantes. Il y a par exemple le piratage qui a été massif dans la musique. Il y a le *trolling* et le *flooding*, ces comportements qui brisent l'atmosphère des forums de discussions par des attitudes agressives et incongrues ; il y a le *scrapping*[69] qui est pratiqué par des amateurs aguerris qui cher-

69. Le *trolling* est le comportement intentionnel qui vise à trouver les conversations en ligne ; le *flooding* en est une version qui se caractérise par des interventions nombreuses et intempestives ; le *scrapping* est le recueil systématique et automatisé de données sur un site web, ce type de technique réduit la bande passante des sites.

chent à cracker le système ; il y a le partage de compte que l'on se passe entre copains. Le consommateur est parfois un délinquant : certains enfants ne respectent pas l'âge minimal de treize ans exigé pour s'inscrire sur un réseau social, certains réservent un covoiturage sous une identité usurpée, d'autres regardent Netflix avec des comptes prêtés par des amis complaisants, d'autres peuvent mentir sur leur situation financière dans les plateformes participatives de prêts. Ces comportements sont autant de manquement aux conditions générales d'utilisation.

La surveillance est principalement algorithmique. Des robots parcourent les comptes utilisateurs et surveillent la signature d'un morceau de musique ou d'une vidéo pour vérifier s'ils sont publiés avec l'autorisation des ayants droit. Des scores identifient les vendeurs les moins fiables. Des systèmes de signalement sont mis en place avec des degrés variés : dénonciation de comportements abusifs, blocage, etc. Cette police directe et automatisée n'est cependant pas la plus originale.

L'élément le plus remarquable dans les plateformes est la délégation de cette fonction de police aux utilisateurs eux-mêmes. C'est l'externalisation de la fonction de contrôle de gestion opérationnelle en la disséminant dans la population par le moyen des systèmes de notes et de commentaires. Tous les utilisateurs d'Uber auront remarqué son aptitude à faire en sorte qu'à la différence du caractère bougon des taxis, les chauffeurs de VTC ont une bonne allure vestimentaire et manifestent courtoisie et attention envers le client, lui proposent friandises et boissons, le choix d'une radio. Derrière ce comportement, il y a la menace de la note que le consommateur octroie et dont la moyenne devient l'indicateur de qualité. Une qualité élevée puisque, selon certains journalistes, une note inférieure à 4,6 sur 5 sur une période mensuelle conduit à l'exclusion de la plateforme ou du moins à un suivi attentif qui, au mieux, se traduit par quelques semaines de *coaching*.

Il reste encore à établir le véritable impact de ces systèmes de notation sur les comportements. Il n'est sans doute pas aussi élevé qu'on le suppose, ne serait-ce que par le principe de la réciprocité (le client est aussi noté) qui conduit à une très grande majorité de 4 ou de 5 étoiles, ce qui rend les notes faiblement discriminantes.

L'utilisation des notes pour mesurer de manière fiable la qualité d'un service est certainement mauvaise. Jeffrey Pfeffer, spécialiste de la théorie des organisations à l'université de Stanford, souligne la faible corrélation des *ratings* avec la qualité : le classement établi par les experts du guide Michelin – supposé refléter correctement la qualité des restaurants – ne correspond pas du tout aux avis émis sur TripAdvisor. Sa critique va au-delà de la validité des scores. Selon lui, externaliser le contrôle, c'est aussi s'empêcher de remédier au problème. L'accompagnement et le soutien ne sont pas apportés par les notes[70]. Aucune possibilité d'amélioration n'est possible, la seule sanction applicable est nécessairement l'exclusion.

La sanction n'est pas la seule arme de la police. La résolution du litige en est une autre. Youstice est un service dont l'objectif est de régler les différends entre les acheteurs et les vendeurs en facilitant la communication et les échanges pour

70. Jeffrey Pfeffer, « Sorry, Uber. Customer Service Ratings Cannot Replace Managers », *Fortune*, 31 mars 2016.

résoudre leurs problèmes. Il est intégré dans de grandes plateformes de e-commerce. Les e-commerçants payent pour ce service. Cette entreprise slovaque opère aux États-Unis et en France et vend aux e-commerçants une solution semi-automatisée pour faciliter le règlement des litiges. Et s'ils ne peuvent résoudre les problèmes, les clients peuvent avoir recours à un tiers indépendant. Les grandes plateformes peuvent intégrer leur système en interne ; c'est ce que fait Airbnb qui, tout en poursuivant une politique qui attribue toute la responsabilité aux parties contractantes, met cependant à disposition un outil de négociation automatisé de résolution de litiges. Ces dispositifs sont souvent nécessaires pour faire face à une réglementation publique souvent incomplète et pour répondre au besoin d'une rapidité d'action contre les mauvais comportements que la justice publique ne permet pas.

1.3– Un système motivationnel

Faciliter la recherche et réduire l'effort de l'utilisateur a toujours été la priorité des spécialistes de l'expérience utilisateur. La recherche d'information est la tâche la plus délicate pour le consommateur, surtout quand il connaît peu le domaine. Elle nécessite des méthodes et de la ténacité. Anticiper ses désirs passe par des outils désormais familiers.

Le premier est celui des moteurs de recherche qui permettent en quelques mots de filtrer et de classer les résultats selon plusieurs critères. Le second est celui des moteurs de recommandation, ceux d'Amazon ou de Netflix sont emblématiques. Ils sont devenus des outils communs pour proposer des lectures similaires. D'autres sont centrés sur les personnes, c'est ainsi que l'on nous propose constamment dans les réseaux sociaux des profils que l'on pourrait apprécier ou avec qui nous aimerions nouer une relation. Ils fonctionnent généralement sur la base de calcul de similarités. L'algorithme représentatif est celui du filtrage collaboratif qui permet de prédire les goûts d'un individu à partir de la connaissance de ceux d'autres individus qui ont un profil proche.

La décision est un acte d'autant plus difficile que le nombre d'alternatives est important. Trop élevé, il inhibe le choix. La concentration sur un nombre réduit d'alternatives est au cœur de la motivation. L'utilisation des moteurs de recherche et des systèmes de recommandation permet une réduction de l'abondance de l'information. Instruments d'exploration et de sélection, ils sont la lunette et la boussole. Leur couplage fait la différence.

Le génie des plateformes se trouve aussi dans les manières de motiver ses membres, de les engager : cliquer un lien, *liker*, commenter, répondre, évaluer, partager. On distribue à cette fin des bons points et certificats. C'est un champ du design des interfaces qui est en plein développement : la gamification[71].

Les dispositifs de gamification se sont largement diffusés dans le monde de l'UX (expérience utilisateur). Ils viennent en grande partie du monde des jeux où ils guident l'expérience de jeu et encouragent la persévérance. Ils sont désormais employés dans de nombreux domaines : programmes de fidélisation en marketing, *serious games* destinés à l'apprentissage profession-

---

71. Gabe Zichermann, Christopher Cunningham, *Gamification by Design: Implementing Game Mechanics in Web and Mobile Apps*, O'Reilly, 2011.

nel, programmes de *coaching* alimentaire ou comportemental, éducation – quoique dans ce domaine rien de nouveau, on se souvient des bons points et des images, au moins pour les plus vieux d'entre nous. Avec la gamification, le « pragmatisme de la récompense » rejoint le « scientisme des données ». Ces mécaniques sont constituées de dispositifs distincts identifiés par deux chercheurs[72] :

– Points : des unités numériques indiquent un niveau de progrès ; elles sont accumulées en fonction des actions engagées et récompensées.

– Badges : des icônes visuelles indiquent le niveau de réalisation d'objectifs ; ils prennent la forme de trophées : médaille, coupe, bannière, etc.

– Classements : des tableaux répartissent les individus en fonction de leur performance et leur permettent de se comparer aux autres.

– Niveaux : comme avec les ceintures au judo, dans les jeux vidéo, les niveaux marquent un degré d'avancement et ouvrent à d'autres difficultés.

– Statut : des rangs, des grades, des statuts, des titres indiquent que le joueur a atteint un certain degré d'expertise ou de maturité.

– Gratification : des cadeaux, des bonus tangibles et désirables.

– Rôles : ils sont distribués comme autant de gratifications permettant d'ajuster les compétences à la personnalité.

72. Katie Seaborn, Deborah I. Fels, « Gamification in theory and action : A survey », *International Journal of Human-Computer Studies*, vol. 74, 2015.

Selon la théorie de la motivation extrinsèque et intrinsèque[73], la motivation à long terme est de nature intrinsèque, alors que les récompenses apportées par ces dispositifs de jeux sont extrinsèques, car ils opèrent dans l'immédiateté. Ils sont orientés vers l'engagement instantané, mais à long terme leurs effets vont en s'amenuisant, posant le vieux problème des flippers : l'inflation numérique des scores. Il existe une balance entre les mécaniques purement symboliques et d'autres plus tangibles – surtout si les points obtenus peuvent être convertis en numéraire –, et des gratifications immédiates contre d'autres différées. Ces dispositifs, que l'on croit être essentiels dans les phases de lancement, sont moins importants quand les plateformes parviennent à maturité. Sans doute sont-ils plus efficaces sur les novices qui n'ont pas encore une grande maîtrise de la plateforme et moins sur les experts qui ont pris des habitudes. Ils s'inscrivent en grande partie dans ce que les spécialistes[74] désignent comme les technologies persuasives qui couplent dispositifs techniques et science psychologique. Cela pose un problème éthique et déontologique, celui de la manipulation.

La notion de *nudge*, élaborée par Richard Thaler et Cass Sunstein, et les techniques qui en sont issues permettent de contourner la critique de la manipulation. Les nudges peuvent être présentés de manière très simple[75] : un économiste, un juriste,

---

73. Edward L. Deci, Richard M. Ryan, *Intrinsic Motivation and Self-Determination in Human Behavior*, Plenum Press, 1985.

74. Il s'agit principalement du guru du design : B.J. Fogg, *Persuasive Technology: Using Computers to Change What We Think and Do*, Morgan Kaufmann, 2003.

75. Dilip Soman, *The Last Mile: Creating Social and Economic Value from Behavioral Insights*, University of Toronto Press, 2015.

un marketeur et un comportementaliste sont dans un bar et le serveur leur propose qu'ils lui apprennent comment inciter les clients à boire le vin maison plutôt qu'un autre. Le juriste lui propose d'interdire toutes les boissons sauf celle qu'il veut vendre ; l'économiste propose de taxer les autres boissons pour inciter à prendre la moins chère ; le marketeur propose de donner plus d'informations sur le produit. Aucune des solutions n'est la bonne jusqu'à ce que le comportementaliste propose de rendre le choix plus facile simplement en plaçant d'office la bouteille sur la table. Il en donne cette définition : « Un nudge est n'importe quel aspect de l'architecture du choix qui altère le comportement des gens de manière prévisible sans écarter aucune option, ou changer significativement leur conséquence économique. Pour un véritable nudge, l'intervention doit être facile et on peut y échapper sans frais. Les nudges ne sont pas des obligations. »

Il ne s'agirait en somme que de réaliser le projet d'Herbert Simon d'analyse d'une décision dont la rationalité est limitée : appliquer le calcul des utilités (l'économie) en tenant compte des biais cognitifs (psychologie) avec un sens aigu du design (l'architecture du choix) et le fait que le cadre de la décision (*framing*) peut être aussi important que les caractéristiques du choix. Le domaine de l'économie comportementale alimente les réflexions.

La portée des nudges va bien plus loin qu'une nouvelle approche de la prise individuelle de décisions. Ils ont une portée politique qui s'inscrit dans le sillage du néo-républicanisme, c'est-à-dire d'un courant de philosophie politique qui redéfinit les conditions de l'autorité de l'État et de son droit à interférer dans nos décisions individuelles. Le néo-républicanisme s'appuie sur une définition de la liberté qui est l'absence d'interférence arbitraire, autrement dit « une liberté en l'absence de domination[76] ». Le caractère non arbitraire garantit que la tyrannie soit écartée, car les raisons de l'interférence se trouveraient dans un bien commun, dont l'autorité a la charge.

Cela suppose naturellement que ce bien commun soit défini par la délibération et l'établissement d'une convention et que cet exercice soit sous le contrôle des citoyens. Le paternalisme est justifié pourvu qu'il soit bienveillant, c'est-à-dire qu'il prend soin de l'intérêt de ses sujets, qui ne sont plus les sujets romantiques, atomes insécables de volonté, de décision et de libre arbitre, mais des sujets vulnérables qui peuvent être la proie de leurs propres démons et acceptent de confier à l'État, ou d'autres instances, de les protéger de leur faiblesse.

Cette idée de vulnérabilité dérive directement de l'abandon de la rationalité qui est la condition du nudge. Il est libertarien, car il préserve la possibilité de choix : « Trois principes doivent guider l'utilisation des nudges. Ils doivent être transparents et ne pas être trompeurs. Il doit être aussi facile que possible de s'en désengager, de préférence d'un clic. Il doit y avoir une bonne raison pour croire que le comportement encouragé améliorera le bien-être de ceux qui en sont les sujets[77]. » Cette vision accentue la dimension libertaire en contraignant l'interférence par le maintien de la liberté de choix. L'objet du nudge n'est pas la

---

76. Philip Pettit, *Républicanisme. Une théorie de la liberté et du gouvernement*, Gallimard, 2004.

77. Richard Thaler, Cass Sunstein, *Nudge. Improving Decisions about Health, Wealth, and Happiness*, Yale University Press, 2008.

préférence, sinon le marketing s'en serait emparé depuis longtemps. Son objectif est d'influencer la conduite des individus. L'agrégation des comportements rendus « vertueux » affecte la communauté dans son ensemble.

Le « *Pay as you drive* », lancé par Allianz et Direct Assurance dans le secteur de l'assurance, illustre bien ce propos. Un boîtier électronique (qui n'est pas obligatoire) est installé dans la voiture de l'assuré. Il mesure la qualité de conduite et indique au conducteur si elle est souple et sûre. C'est un nudge, car rien n'oblige l'assuré à en consulter le résultat. Il peut encourager l'assuré à changer sa conduite en éveillant son attention sur un critère qu'il a négligé, faute d'être capable de le mesurer. Son efficacité peut être renforcée par la comparaison sociale (comment conduisent les autres). Les assurances proposent aux conducteurs qui acceptent ce dispositif, un rabais sur leur cotisation en fonction de cette qualité de conduite. La récompense monétaire (le rabais) risque d'être peu efficace à long terme dans la mesure où c'est une motivation extrinsèque. Par contre, la modification de la conduite d'une fraction de la population peut contaminer tous les autres conducteurs par effet d'imitation. Le bénéfice pour l'assureur se mesure en baisse du coût global de sinistralité. Pour la société, le coût social des accidents se réduit et on peut espérer que les assurances répercuteront la baisse de la sinistralité sur l'ensemble des clients.

Le nudge apparaît ainsi comme une solution très particulière, certainement moderne, pour les techniques de gestion des populations. C'est un dispositif de « gouvernementalité ». Sa particularité – comparé à la coercition (le droit), à l'incitation (l'économie) et à la persuasion (la propagande) – est qu'il préserve la liberté des sujets et l'intervention de l'État. Cela s'applique aussi aux entreprises.

Cependant, des tactiques de motivations plus insidieuses existent aussi. L'expérience menée par Facebook est emblématique[78]. Il s'agissait de filtrer les messages du fil de nouvelles des 670 000 personnes, en ôtant aléatoirement entre 5 % et 90 % des contenus positifs ou négatifs. Lorsque moins de posts négatifs sont affichés aux utilisateurs, la fréquence des mots positifs qu'ils rédigent dans leurs propres posts augmente de 5,25 % à 5,3 %, tandis que le nombre de mots négatifs se réduit d'autant. La symétrie n'est pas parfaite, car la réduction de positivité (réduire la proportion de messages reçus positifs et laisser les messages neutres et négatifs) a un effet plus prononcé sur la réduction de la fréquence des mots positifs. On peut donc transférer l'émotion sociale et, pour Facebook, la manipuler en paramétrant correctement « l'intensité du degré et la valence des messages » affichés sur le fil des nouvelles. Cette expérience démontre que l'on peut contrôler le taux d'engagement des membres de la plateforme en filtrant de manière adéquate l'environnement informationnel auquel ils sont exposés. Cette expérience donne une idée précise de la manière dont les plateformes peuvent améliorer leur rendement et pose deux problèmes.

Le premier problème est lié au dispositif expérimental. Quand, dans une industrie traditionnelle comme l'alimentation, on soumet de nouveaux produits à des échantillons de

78. La relation détaillée de cette expérience a été publiée avec un correctif apporté par l'éditeur dans Adam D. I. Kramer, Jamie E. Guillory, Jeffrey T. Hancock, « Experimental evidence of massive-scale emotional contagion through social networks », *PNAS*, vol. 111, n° 24, 2014.

consommateurs afin de connaître leur propension à les acheter, on raisonne d'emblée avec des centaines de milliers de sujets, voire des millions. L'expérience se réalise *in vivo*. Les techniques employées sont connues par les professionnels comme « test A/B[79] » et consistent à comparer la performance de deux pages web A et B dans deux groupes aléatoires. Elle peut se généraliser à des combinaisons plus complexes comprenant plusieurs facteurs. Ces possibilités techniques transforment le marché en un gigantesque laboratoire où les consommateurs deviennent des cobayes perpétuels.

Le second problème, le plus important, est d'ordre éthique. Obtenir un engagement plus élevé accroît la valeur publicitaire, mais est-ce une raison suffisante pour que les règles qui fabriquent notre environnement soient laissées à la discrétion et dans l'obscurité des plateformes et de leurs propriétaires ? Comment les rendre plus morales ou au moins plus légitimes ? Rappelons qu'une règle de base dans les médias est de permettre de faire la distinction entre contenu rédactionnel et contenu publicitaire, de manière à laisser aux consommateurs leur liberté de jugement.

79. Elles ne sont rien d'autre que les bonnes vieilles techniques expérimentales développées notamment par les agronomes pour améliorer la croissance des cochons et la résistance des plantes. Mais, opérant sur des nombres d'unités beaucoup plus grands, elles peuvent se permettre des dispositifs beaucoup plus sophistiqués, même si pratiquement ils sont rarement mis en œuvre.

2— L'omnipotence des algorithmes

Proposer d'acheter un livre en complément de celui que l'on vient de choisir ; calculer un taux d'intérêt en fonction du risque du demandeur ; envoyer une alerte pour rappeler un événement important sans que le sujet le programme (un réveil qui détermine l'heure de réveil tout seul en observant le sommeil et l'agenda) ; indiquer une route optimale en fonction des trajets des autres voyageurs ; suggérer des musiques que l'on ne connaît pas encore, mais que l'on va adorer ; proposer des partenaires parfaits pour les affaires, anticiper les désirs, etc., toutes ces actions sont le produit des algorithmes.

Au cœur des dispositifs de design, de police et de motivation, les algorithmes jouent un rôle central, moins par leur intelligence que par leur capacité à déployer leurs actions dans l'espace et dans l'instant. L'espace est celui de la population de la plateforme, qui peut être mondiale ; l'instant est celui des décisions souvent ponctuelles parfois fréquentes, de l'ordre de la fraction de seconde, pour des actions microscopiques et toujours contextuelles. Les dispositifs de design, de police et de motivation visent à affecter les conduites, des comportements qui n'ont pas forcément de lien avec l'achat, mais dont l'agrégation a un effet sur l'autre versant du marché. Par exemple, pour une plateforme de location entre particuliers, c'est le soin apporté au véhicule et à sa propreté avant l'usage[80]. Pour une

80. C'est justement ce que les utilisateurs de Zipcar et ceux d'Autolib' ne font pas ; l'économie du partage conduit aussi à maltraiter les objets sans possesseur bien identifié ! Fleura Bardhi, Giana M. Eckhardt, « Access-Based Consumption: The Case of Car Sharing », *Journal of Consumer Research*, vol. 39, n° 4, décembre 2012.

plateforme de livraison de plats préparés, il s'agira de la vélocité des coursiers pour livrer le plat encore chaud.

La technologie – notamment avec la miniaturisation et la multiplication des capteurs, le *big data*, l'amélioration des systèmes de communication – offre une mise à l'échelle du processus de traitement des données. Un dispositif se définit comme un ensemble de différents éléments agencés de telle sorte qu'ils produisent un effet souhaité. Par exemple, pour obtenir une conduite favorisant la bonne santé, on associera un capteur (l'accéléromètre incorporé dans un bracelet connecté de type Fitbit), une alerte (un message sonore du smartphone), la configuration du seuil d'alerte (un nombre de pas journalier recommandé par l'OMS) et une application (Runkeeper, par exemple). Ce dispositif est largement automatisé et distribue ses effets à des échelles de plusieurs dizaines et mêmes centaines de millions de personnes, tout en s'ajustant à chacun des individus et à leurs situations d'usage et en leur permettant d'intervenir à divers degrés dans la configuration.

L'algorithme est au centre de tous les stades du processus : capture de la donnée, filtrage, agrégation, modélisation, opérationnalisation, décision, divulgation. « Un algorithme, c'est tout simplement une façon de décrire dans ses moindres détails comment procéder pour faire quelque chose. Il se trouve que beaucoup d'actions mécaniques, toutes probablement, se prêtent bien à une telle décortication. Le but est d'évacuer la pensée du calcul, afin de le rendre exécutable par une machine numérique (ordinateur, etc.)[81]. » Les algorithmes les plus importants sont

81. Selon Gérard Berry, « Algorithmes, machines et langages », cours au Collège de France, 2012.

aussi les plus simples : ils trient, analysent la fréquence des signaux, trouvent le meilleur chemin dans un graphe, génèrent des nombres au hasard, etc. D'autres, plus complexes, prétendent détenir une forme d'intelligence. Ils consomment de plus en plus de données et se dotent de capacités d'apprentissage. De manière fonctionnelle, on en distingue les entrées, le traitement et les résultats.

2.1– La prolifération des capteurs

Tout commence par le processus de mesure. Le temps réel est la nouvelle propriété de la mesure. C'est le produit d'un ensemble de technologies qui permettent la collecte, la mise à jour et la mise à disposition de données en une fraction de seconde. Ces technologies appartiennent à ce que l'on nomme désormais le *big data* et l'Internet des objets (*Internet of Thinks* ou IoT). Elles se concrétisent par la profusion de capteurs (on dénombre 3 milliards de mobiles) et la vague des objets connectés déferle (thermostats, *trackers*, balance, clés, montres, paramètres, *beacons* ou petits capteurs sans fil, compteurs électriques, caméra, voitures, etc.). On comptabilisera des dizaines de milliards de capteurs connectés dans les cinq prochaines années. Les systèmes de bases de données sont déjà prêts à absorber le tsunami des données générées. Aujourd'hui, les capteurs sont concentrés dans les smartphones et sont gérés *via* les *clouds* ; c'est un modèle centralisé même si le déploiement massif des API permet de les interconnecter. Quelques plateformes rêvent d'universalité, d'être là où tous types d'objets peuvent se connecter, de stocker leurs données et d'exploiter les autres plateformes pour livrer un meilleur service. Fabricants d'objets, plateformes de données, développeurs d'applications et utilisateurs participent à un écosystème dont on ne devine pas encore l'architecture.

Des technologies, telles que Hadoop, rendent tout à fait possible le traitement de ces masses de données et posent un problème de sécurité et de protection de la vie privée. Le modèle du *cloud* favorise l'extraction de la valeur, car le traitement se fait au sein des plateformes. Une alternative au *big data*, modèle technique dominant, peut être trouvée dans des systèmes massivement distribués. C'est l'idée du *personal cloud*[82], analogue à celle du *personal computer* qui a libéré les utilisateurs de la tutelle des *mainframes* en intégrant dans leurs machines une autonomie de calcul et de mémoire. Imaginons une telle infrastructure avec pour règle une sorte de Creative Commons qui autorise ou non la lecture de données personnelles et leur copie, selon les besoins exprimés et les autorisations préalables.

Techniquement, on peut désormais suivre l'intégralité des mouvements d'une population, ce que peut faire un opérateur mobile sans même accéder au contenu des échanges. Il peut les décrire en termes de localisation géographique et temporelle. En imaginant qu'une mesure est faite toutes les minutes (pour localiser le smartphone), c'est un millier de mesures par jour, soit, pour une population de 10 millions de personnes, 10 milliards de lignes d'informations de quelques kilooctets (ko). Cela représente quelques dizaines d'exaoctets de données. L'action est élémentaire : un simple clic, un temps d'attention. C'est une

82. C'est un concept qu'une entreprise comme Cozy.io tente de développer actuellement.

des voies envisagées par Facebook : mesurer le temps passé sur une news pour évaluer finement le degré d'intérêt pour cette nouvelle.

Même si sa granularité est fine et l'étendue de la couverture importante, le dispositif de mesure n'est pas insensible à des biais – de sélection, mais aussi de performativité. Prenons l'exemple des systèmes de notation, notamment celui de Booking qui enregistre plusieurs centaines de millions de notes de satisfaction chaque année. On constate que les notes sont concentrées sur les valeurs les plus élevées (4 et 5 étoiles), autrement dit on enregistre peu de mauvaises notes et beaucoup de très bonnes. Cela reflète-t-il la réalité ? Certainement pas. En effet, donner 3 étoiles et moins est perçu par les notateurs moins comme une évaluation que comme une sanction. En pratique les clients qui donnent des notes faibles, le font pour punir. Cet exemple pose la question cruciale de la validité et de la fiabilité des mesures. Surtout quand elles consistent dans le recueil d'opinions et de sentiments. La question devient capitale quand cette production est sujette au mensonge et à l'omission. Si les technologies ouvrent les vannes de la mesure, on doit rester sceptique et critique : la quantité n'est pas forcément la qualité, le fleuve des données charrie de nombreuses scories.

Le travail des algorithmes dans les plateformes est essentiellement de produire des indicateurs. Pour Google, qui est en quelque sorte le modèle matriciel, l'indicateur historique est le PageRank. Sur les *marketplaces*, c'est la note moyenne de vendeurs et acheteurs. Les indicateurs peuvent aussi s'appliquer à l'humeur ou à l'analyse du sentiment, comme on le fait avec l'analyse des flux sociaux.

Ces indicateurs dépendent souvent d'une catégorisation. Celle-ci est cruciale et ne dépend pas de la machine, mais de la représentation que s'en font les concepteurs. L'exemple de la mesure de l'effort en est une illustration. Que retient-on ? Le nombre de pas, la distance parcourue, le travail, le nombre de calories consommées ? Le choix dépend de critères stratégiques : on optera pour les pas si l'on s'adresse à des personnes qui veulent juste se mettre en forme ; des indicateurs plus physiologiques seront choisis pour le préparateur sportif.

Le monde de la publicité digitale commence à être particulièrement sensible à ces choix : mesure-t-on une campagne par le nombre de clics ou par le taux de transformation ? Retient-on le nombre de visiteurs uniques ou le nombre de sessions ? Dans tous les cas, l'indicateur est une construction à partir de données brutes, dans laquelle les concepteurs interviennent avec plus ou moins d'intelligence et de maîtrise.

Les indicateurs sont calculés à des niveaux fins, ceux de l'individu, d'une zone géographique précise, d'un voisinage, etc. Et c'est ce que l'on souhaite : pouvoir se comparer avec ses proches. La comparaison sociale est un puissant moteur de motivation !

Le problème de la mesure dans les plateformes, plus que celui de la fiabilité (mesurer assez précisément les choses dont on veut obtenir la valeur) et de la validité (que la mesure corresponde à quelque chose de réel sans biais systématique), est celui de la performativité. Choisir l'indicateur, c'est déjà orienter le comportement, mais aussi s'exposer à des pratiques de résistance, de contournement. On ne peut croire qu'un indicateur est neutre, décrivant objectivement un état du monde. Il est aussi un élément de langage qui indique ce qu'il faut faire. Le choix des indicateurs est une question politique. Les capteurs peuvent s'infiltrer partout et suivre de manière exhaustive les événements les plus microscopiques, les plus tenus. L'omnipotence n'est sans doute pas une toute-puissance.

2.2– La modélisation

Les algorithmes sont centraux dans les plateformes : les moteurs de recommandation d'Amazon ou de Netflix, le Page-Rank de Google, le Surge Pricing d'Uber, le *retargeting* (recyblage publicitaire) de Criteo, le système de notation de Booking, le graphe social de Facebook, etc. La domination d'une plateforme passe par la maîtrise d'un algorithme spécifique.

Qu'il s'agisse de modéliser les notes pour préparer un moteur de recommandation, de comparer un visage à une banque d'images pour reconnaître un nom, de mesurer un risque de fraude, de *scorer* le risque de défaillance de crédit, de prédire quels films intéresseront un spectateur, l'objectif de l'algorithme est toujours de prédire la réalisation d'un événement ou d'un état en fonction d'un ensemble de caractéristiques. La modélisation est au cœur des algorithmes, même si elle n'en est qu'une partie. Une interface est constituée de nombreux modules qui interagissent : les requêtes, les filtres, les tests de sécurité, etc. La modélisation revêt un intérêt particulier, car la capacité de prédire est cruciale pour les plateformes. Elle connaît une évolution forte avec le *machine learning*. Si l'on invoque souvent leur toute-puissance en évoquant les mystères de l'intelligence artificielle, on donne rarement des éléments concernant leurs performances. Les algorithmes prédictifs ont-ils réellement les capacités divinatoires qu'on leur attribue ?

En réalité, la précision des prédictions est souvent modeste. Prenons l'exemple des jeux de données qui servent de banc de test pour comparer les performances de différentes variantes d'algorithmes. Le jeu de données Mixed National Institute of Standards and Technology (MNIST) se prête à d'excellentes prédictions[83], avec un taux d'erreur inférieur à 0,2 % pour des tâches d'identification de nombreux manuscrits. Un autre jeu de données, le CIFAR100, qui comprend 60 000 images de 32 x 32 pixels réparties en 20 classes, est plus coriace. Les meilleurs algorithmes les reconnaissent au mieux dans 75 % des cas, autrement dit ils se trompent dans 25 % des cas. Nous avons tous fait l'expérience de recommandations de produits peu pertinentes, en particulier celles qui suggèrent les produits que nous avons déjà achetés. Si les algorithmes ont une certaine capacité à prédire un peu mieux que le hasard, dans la plupart des cas ils sont extrêmement imprécis. Il serait notamment intéressant d'évaluer le coût des erreurs des algorithmes : l'irritation produite chez les utilisateurs, les ventes manquées, les quiproquos, voire le coût de procès quand l'algorithme devient discriminatoire. Quant à notre satisfaction des recommandations issues des algorithmes, cela n'est que le fruit d'une sérendipité[84] qui provoque l'illusion d'une intuition.

Les derniers progrès du *deep learning* élargissent le champ d'application des outils de prédiction. Il s'agit d'architectures complexes de réseaux de neurones comportant de nombreuses

83. Cet exercice est celui que les caméras des voitures de cartographie de Google réalisent pour être capables d'identifier le numéro des maisons.

84. Sérendipidité : trouver autre chose que ce que l'on cherchait.

couches, et qui tirent avantage de disposer de très grands volumes de données. La reconnaissance d'image, le langage naturel sont leurs terrains de conquêtes. Ce domaine de développement technologique a désormais des « stars » ; l'une des plus lucides sur les vraies capacités du *deep learning* est Yan Le Cun[85]. Même si ses progrès sont importants, l'intelligence artificielle est principalement capable de réaliser des classements par catégories. Par exemple, reconnaître un objet dans une photo. Les résultats obtenus sont parfois spectaculaires, mais on est encore loin d'une forme d'intelligence ou d'un raisonnement. C'est assez, cependant, pour envisager de nouvelles applications et un champ d'action encore plus vaste pour les plateformes, d'autant que ces outils tendent à se généraliser.

Les outils de *machine learning* sont désormais nombreux à être en open source, et en premier lieu ceux développés par les leaders, tels TensorFlow de Google. Les plateformes, comme GitHub, jouent un rôle essentiel dans la dissémination de ces techniques. Les applications de trafic routier sont une bonne illustration de leur utilisation par les plateformes. Waze est l'une des plus élaborées. Une carte du trafic routier et des encombrements en temps réel est générée à partir des données de géolocalisation produites par les applications installées sur les smartphones. Les modèles de prédiction peuvent, en principe, anticiper l'état du trafic à court terme, de quelques minutes à une heure, et prédire l'embouteillage. Pour le conducteur, il pourrait devenir possible d'afficher sur son smartphone ce qui

85. Yann Le Cun est professeur au Collège de France et dirige la recherche sur l'IA chez Facebook.

va se produire dix minutes plus tard pour l'aider à décider le meilleur trajet. Puisque Lyft et quelques autres ont intégré Waze dans leurs applications, on imagine que cette information puisse être retraitée pour indiquer aux VTC quels itinéraires choisir et vers quelles zones se diriger pour obtenir plus rapidement une course, augmenter leur revenu et diminuer les temps d'attente des passagers.

La puissance des algorithmes provient de leur capacité à associer les ressources de différentes plateformes. Ils se nourrissent mutuellement, non seulement en données, mais aussi en calculs. Il ne faut pas chercher d'intelligence dans les algorithmes, au sens d'une connaissance explicite, compréhensive, qui rend compte de la réalité et de ses causalités. La pratique de la modélisation suit en réalité une logique évolutive. Si les résultats des algorithmes ont un effet sur les comportements, pour maintenir leur qualité prédictive, il faudra réajuster leurs paramètres – ce qui conduit à de nouvelles transformations et de nouveaux ajustements. Le monde des algorithmes est en continuelle adaptation : converge-t-il vers un équilibre ou n'est-il que hasard dans sa progression ?

2-3– Retour à la rétroaction

La diffusion des informations est le trait le plus remarquable des plateformes. Quand elles mesurent de manière systématique les comportements de ses membres, elles peuvent leur envoyer instantanément le résultat individuel de ces mesures. La boucle de feed-back peut aussi être une boucle de contrôle. Le cas de TripAdvisor a fait l'objet de plusieurs recherches dans lesquelles l'analyse des systèmes de notation est envisagée sous l'angle du contrôle de gestion[86]. Cet angle de vue est inhabituel, car, plutôt que de mettre l'accent sur la capacité à induire de la confiance (c'est le point de vue du marketing), il en souligne le rôle disciplinaire. Sa particularité est d'être largement externalisé, puisqu'on le confie à d'autres, comme le passager qui note le conducteur. Il est aussi adaptatif, ne serait-ce que par son caractère instantané et largement distribué.

Les notes collectées, transformées en indicateurs (des moyennes, des distributions), donnent un retour d'information aux clients qui peuvent ainsi avoir un index de qualité. Les hôtels peuvent aussi se comparer à leurs concurrents. II existe également un effet performatif, la note étant un critère de classement qui affecte les probabilités que l'internaute voie la fiche de l'hôtel. La note agit sans apporter d'information à quiconque. Son action est une sélection.

Dans un avenir proche, ce rôle de boucle de rétroaction que joue le système d'information des plateformes va s'amplifier avec le monde des objets connectés. Le domaine de l'énergie, avec les compteurs intelligents (*smart meters*), fournit un bon exemple. En 2009, la Commission for Energy Regulation (CER) irlandaise[87] a coordonné une expérimentation sur la consommation électrique. Il s'agissait d'évaluer l'impact de différents

86. Il s'agit de Susan V. Scott, Wanda J. Orlikowski, « Reconfiguring Relations of Accountability: Materialization of Social Media in the Travel Sector », *Accounting, Organizations and Society*, vol. 37, n° 1, 2012, et de Ingrid Jeacle, Chris Carter, « In TripAdvisor We Trust: Rankings, Calculative Regimes and Abstract Systems », *Accounting, Organizations and Society*, vol. 36, n° 4-5, 2012.

87. En France, le *smart meter* choisi est Linky. On trouvera les résultats de l'expérimentation irlandaise dans : Valeria Di Cosmo, Sean Lyons, Anne Nolan, « Estimating the Impact of Time-of-Use Pricing on Irish Electricity Demand », MPRA, 9 juillet 2012

systèmes de prix différenciés en fonction de l'heure de la journée, et de l'effet de feed-back des compteurs intelligents. La période d'étude était de dix-huit mois. On a pu observer une réduction de la consommation en période de pointe juste après l'introduction du système de feed-back, mais à plus long terme les réductions étaient moins sensibles. L'effet de feed-back ne joue qu'à court terme. Les effets de ces dispositifs ne sont pas aussi déterminants qu'on pourrait le penser.

Le feed-back conduit-il véritablement à un apprentissage ? La question échappe aux ingénieurs qui développent les systèmes, elle devient psychologique et sociale. La psychologie est liée aux adaptations individuelles. Si *a priori* un retour d'information peut aider le sujet à corriger ses décisions, il peut aussi produire des effets de réactance – la tendance à rejeter ce qui exerce une pression sur notre décision – et d'habituation, en ajustant les normes aux performances. Les boucles de rétroaction peuvent accroître la compétition entre les agents, par exemple entre des livreurs à vélo qui recevraient une information continue sur leur temps de livraison moyen, au risque de la chute. La puissance algorithmique des plateformes favorise une extrême granularité, en transmettant l'information (indicateurs et scores) à chacun des agents et à chaque moment, mais se heurte à des effets incompris. L'enjeu des plateformes et de leur design, peut-être plus que la maîtrise des algorithmes, est la capacité à délivrer l'information pertinente, à un moment précis, pour orienter la conduite dans la direction désirée.

Pour gouverner une population, il s'agit de concevoir un dispositif constitué de facilitations et de restrictions, d'une police, d'un système de motivation. La particularité des plateformes est d'être largement automatisées[88] et, dans un futur proche, d'être autonomisées[89]. Le couplage de l'échelle d'opération et du degré d'individualisation, non seulement facilite la coordination des activités les plus microscopiques, mais oriente les populations.

88. Nicholas Carr, *The Glass Cage: Where Automation is Taking Us,* Bodley Head, 2014.

89. L'autonomisation signifie la capacité autonome d'un système, c'est le propre des robots.

– V –

La politique des algorithmes

« I'm sorry, Dave. I'm afraid I can't do that. »

HAL, *2001 Odyssée de l'espace*

Au-delà de l'effort raisonné des plateformes pour orienter les conduites, il y a ce qui ne résulte pas d'une intentionnalité précise et produit des effets inattendus. C'est ce que l'on appelle la politique des algorithmes. Il s'agit de la part résiduelle, mais probablement substantielle, des effets sociaux produits par les algorithmes des plateformes et qui échappent à leurs concepteurs. Selon le sociologue Dominique Cardon : « De fait, la machine inventée par Google est devenue si complexe, si sensible aux tests statistiques qui ne cessent de la reparamétrer, si dévoreuse de variables et de traces, si auto-apprenante que ses comportements ne peuvent plus désormais être compris et interprétés, pas même par ses géniteurs[90]. » Pour en arriver à cette conclusion, Cardon montre comment l'algorithme fondateur de Google a évolué dans la tension entre sa position d'extériorité – le PageRank a vocation à ne pas interférer dans l'autorité des liens et de son calcul – et les exigences commerciales qui suscitent chez les utilisateurs des comportements stratégiques et en altèrent la qualité. De même, pour riposter face aux fermes de liens web qui cherchent à fausser le PageRank de certains sites pour en accroître le trafic, Google est obligé d'innover, de modifier de manière continue non seulement l'algorithme lui-même, mais aussi les dispositifs d'autorité. Ne serait-ce que pour pénaliser ces sites trompeurs.

La loi de l'attachement préférentiel imprime sa marque dans les réseaux. Les nœuds les plus connectés ont plus de chance d'être associés à un nouvel élément que ceux qui ne sont reliés qu'à un nombre restreint. Les riches deviennent ainsi plus riches. La distribution du capital relationnel devient très inégalitaire. Elle relève de « la loi de puissance[91] ». Un mode de calcul qui s'appuie sur ce type de structure ne fera que l'intensifier. C'est l'effet top 50 : promouvoir les individus préférés renforce leur audience et leur classement qui est ainsi auto-entretenu. Les algorithmes ne font pas que mesurer, ils sont performatifs. La réalité qu'ils traduisent est celle qu'ils produisent.

90. *Cf.* Dominique Cardon, « Dans L'esprit du PageRank », Réseaux, n° 177, 2013/1.

91. La loi de puissance est une relation mathématique entre deux quantités. Si une quantité est la fréquence d'un événement et l'autre est la taille d'un événement, alors la relation est une distribution de la loi de puissance si les fréquences diminuent très lentement lorsque la taille de l'événement augmente.

La limite des algorithmes est aussi qualitative. Elle peut être morale, comme nous l'apprennent les véhicules autonomes. Que va faire l'algorithme si une autre voiture risque de percuter le véhicule autonome qui nous transporte et que le seul moyen de l'éviter est de heurter violemment un motard qui roule sans casque à côté, ou des piétons sur le trottoir, ou foncer contre un mur ? L'éviter pour nous sauver, mais condamner les piétons ou le conducteur du scooter ? Se sacrifier en fonçant contre le mur pour sauver les autres ? L'algorithme autonome peut-il rationnellement vous tuer et vous imposer sa politique de sécurité ?

1– Des effets autonomes et inattendus

Quatre types d'effets sont importants. Le premier porte sur les prix et la relative inefficacité de leur formation, car ils ne se forment pas dans de bonnes conditions de marché, le second concerne la discrimination et la ségrégation, un troisième est relatif à l'effet de bulle informationnelle et ses risques de polarisation, le quatrième est celui du brouillage des catégories usuelles.

1.1– Des prix sans références

L'hypothèse majeure de l'économie de l'information réside dans l'idée que plus l'information est abondante, plus le marché s'approche des conditions d'une information parfaite. On devrait alors constater une variation et une réduction des prix sur le web. Mais ce n'est pas le cas. Il s'avère que lorsqu'une légère diminution des prix moyens est observée, leur variance augmente[92].

Uber en est le cas caractéristique. Sa politique tarifaire s'appuie sur ce que la plateforme désigne par le Surge Pricing. Il s'agit d'un algorithme qui opère ainsi : lorsqu'à un instant et dans un lieu donné la demande est plus élevée que le nombre de conducteurs disponibles, l'algorithme multiplie les prix par un coefficient variable calculé de manière à rééquilibrer l'offre à la demande. Sans être pleinement transparent – le mode de calcul de la majoration n'est pas connu et son montant n'est pas prévisible, il peut aller jusqu'à cinq fois le prix –, ce dispositif présente l'avantage de laisser au passager la liberté d'accepter ou de refuser ce prix majoré, quitte à devoir attendre un peu plus longtemps un autre véhicule.

Des économistes liés à Uber ont vérifié si l'algorithme permet effectivement d'atteindre les objectifs fixés et notamment d'éviter les files d'attente[93]. Leur constat est positif. Le mécanisme joue son rôle d'allocation efficiente (selon la terminologie des économistes) et se traduit notamment par le fait que les temps d'attente ne s'allongent pas. Mais cela n'empêche pas qu'un débat virulent s'est engagé suite à l'apparition de cette innovation. Car les consommateurs détestent cette politique et le régulateur peut la considérer comme étant abusive. Mais ce qui est le plus intéressant se trouve plutôt dans la réaction pour

92. Une variance de zéro signale que toutes les valeurs sont identiques. Une petite variance est signe que les valeurs sont proches les unes des autres, alors qu'une variance élevée est signe que celles-ci sont très écartées.

93. Jonathan Hall, Cory Kendrick, Chris Nosko, « The Effects of Uber's Surge Pricing: A Case Study », Uber blog, 2015.

contourner, comme l'ont observé des chercheurs de l'université Northeastern aux États-Unis[94]. En menant une enquête de terrain, ils démontrent que pour échapper au Surge Pricing, il suffit de s'éloigner d'une rue ou deux de la prise en charge, ou d'attendre quelques minutes avant de reformuler sa demande de véhicule. En supposant que tous les utilisateurs suivent ces conseils, on imagine qu'Uber réagira rapidement en sophistiquant l'algorithme et en réajustant le calcul des zones couvertes. Les algorithmes font l'objet d'une bataille qui touche les modes calculatoires au-delà du débat sur leur pertinence et leur justesse.

Ce cas illustre ce qui se produit sur de nombreux marchés. La rumeur que les tarifs aériens augmentent quand on consulte à plusieurs reprises un site appelle une contre-mesure des consommateurs qui recherchent les disponibilités de vol sur un écran et effectuent l'achat sur un autre appareil. Le but de l'algorithme est détourné et une course à l'armement est engagée, apportant la confusion sur le marché. Les conséquences sont une diminution des prix de référence et donc une plus grande sensibilité aux prix, mais aussi un accroissement des coûts de recherche pour les consommateurs et une dégradation de la confiance.

Les cas évoqués sont relatifs à des modèles pour lesquels les plateformes s'arrogent le pouvoir de fixer les prix. Il y a aussi le cas où les agents sont libres de les fixer, ce qui s'apparente à des marchés réels plutôt que virtuels. Cependant, dans ces marchés

94. Le Chen, Alan Mislove, Christo Wilson, « Peeking Beneath the Hood of Uber », actes de la conférence ACM « Internet Measurement Conference », 2015.

l'apparition de conventions peut jouer un rôle essentiel. C'est le cas pour BlaBlaCar, où le prix suggéré par la plateforme est parfaitement conventionnel puisque déterminé en fonction de l'évaluation du coût divisé par trois de la consommation d'essence et du montant des péages. Les variations de prix sont liées au nombre de trajets effectués par le conducteur. Plus il est élevé, plus les prix proposés sont faibles. Les conducteurs plus impliqués utilisent le prix comme un signal de bonne conduite, ils avertissent qu'ils intègrent la norme d'entraide et de réciprocité par un prix moins élevé que la moyenne, en renonçant à valoriser monétairement leurs plus grandes qualités. Comme ce signal leur est coûteux, il est crédible. En termes de management, l'intérêt de la plateforme est d'encourager ce comportement chez ses conducteurs. Les tarifs recommandés et conventionnels en sont un moyen, et d'autres nudges pourraient être mis en place.

1.2– La discrimination

Le problème de la discrimination est relié à la question des prix, mais en est distinct. En examinant les prix pratiqués par les hôtes d'Airbnb, une équipe d'économistes[95] a mis en évidence une différence de 12 dollars pour un prix moyen de 60 dollars entre les logements loués par les Blancs et ceux qui le sont par les Noirs. C'est un effet de signal. Une des particularités de l'interface Airbnb est de mettre en avant les visages des hôtes et des

95. Benjamin Edelman, Michael Luca, Dan Svirsky, « Racial Discrimination in the Sharing Economy: Evidence from a Field Experiment », Harvard Business Working Paper, 2015.

invités et donner ainsi à la relation une touche plus humaine. Mais cela révèle aussi la force des stéréotypes. Sans supposer de racisme de la part des invités, l'apparence ethnique laisse préjuger d'autres éléments, comme un quartier plus modeste, un risque plus élevé. Faut-il qu'Airbnb bannisse les photos ? On retrouve toute la problématique du CV anonyme.

Airbnb peut être la source d'autres perturbations. Le service contribue à la distorsion du marché de la location en en faisant monter les prix. Comme une partie du parc de logements est transformé en offre à courte durée, cela fait monter le prix de la location des logements permanents. C'est le cas à San Francisco, Paris et pour la plupart des cœurs urbains, car le rendement y est plus élevé qu'une location traditionnelle. Le collaboratif, en absorbant la crête de demande au moment des congrès, fait également baisser les prix saisonniers des hôtels traditionnels et diminue fortement leur profitabilité. La première perturbation contribue à la ségrégation spatiale et la seconde est essentiellement économique.

Les informaticiens se sont emparés de cette question de discrimination et s'interrogent sur la possibilité de classer des individus sans tenir compte des facteurs discriminatoires et stigmatisants (religion, origine, minorités). Cynthia Dwork[96], dont les travaux sont à la frontière du droit, de la *privacy* et de l'informatique définit un critère de justice de l'algorithme qui consiste à ce que les différences de score pour le classement soient inférieures aux différences de profils des individus scorés.

96. Cynthia Dwork est une sommité de l'informatique, elle travaille chez Facebook. Cynthia Dwork, Moritz Hardt, Toniann Pitassi, Omer Reingold, Rich Zemel, « Fairness Through Awareness », ArXiv, 29 novembre 2011.

Des solutions techniques sont désormais mises au point, permettant de minimiser la perte d'information que nécessite l'atténuation de la discrimination. Elle montre cependant qu'une limite s'impose : concevoir des algorithmes qui ne discriminent pas est possible, mais au prix d'une réduction de la vie privée, car ce calcul exige d'obtenir de nombreuses informations pour caractériser précisément les profils.

1.3– Les effets de bulles

L'univers des plateformes relaye largement les opinions des consommateurs par le canal des commentaires. Par ailleurs, les plateformes tentent de réduire les faux avis pour garantir leur légitimité.

Certaines, comme TripAdvisor, se sont fait une spécialité des opinions des clients et cela exerce une influence forte sur les processus commerciaux. Une grande proportion des consommateurs les utilise pour prendre leurs décisions d'achat. On suppose qu'elles présentent une image fidèle des opinions des consommateurs. Or, ce n'est pas le cas à cause des biais de sélection. Une étude a mis en évidence que la fréquence de publication de commentaires correspond à des motivations distinctes. La satisfaction de se faire valoir, ainsi que le sens de la réciprocité sont les raisons les plus fréquemment invoquées par les consommateurs qui publient régulièrement. Ceux qui le font rarement commentent pour pousser un coup de gueule. Supposons qu'il y ait autant de satisfaits que de mécontents. Les premiers postant dix fois plus que les seconds, 80 % des contenus produits auront un caractère positif. C'est un pur effet statistique qui ne reflète pas la réalité. Un effet de miroir déformant est produit qui peut tromper les consommateurs et même les cabinets d'études qui n'y font pas attention.

Ce problème n'est pas ignoré par certaines entreprises qui ont développé des approches spécifiques. L'une d'entre elles consiste à afficher en parallèle les avis positifs et les négatifs pour donner une impression plus tempérée de l'opinion. D'autres sociétés présentent les commentaires en les organisant selon certaines thématiques plutôt qu'en les laissant dans l'ordre chronologique[97]. Les recommandations de normalisation de gestion des commentaires de l'AFNOR sont timides, car se limitent aux conditions de production des contenus individuels.

Eli Pariser[98], cofondateur de Avaaz, relève la particularité des nouveaux médias qui est de créer, autour des internautes, une sorte de filtre personnel. Chacun est dans sa bulle. Alors qu'auparavant tous les visages étaient tournés vers le poste TV installé dans le salon, aujourd'hui de nombreux médias convergent vers chaque individu. Dans les réseaux sociaux, les autres individus sont devenus des médias. Avant, la même source d'information était partagée par tous, désormais chacun est exposé à un faisceau d'informations différent. La personnalisation fait éclater le cadre commun des jugements. L'hypothèse de « la polarisation » est une généralisation du biais de sélection. Les études de socialité montrent que dans les réseaux sociaux nous privilégions les amis dont les goûts et les opinions sont similaires

97. Dans la presse le problème est beaucoup plus grave et conduit à une véritable police, employant plusieurs personnes, et visant à écarter les contenus illégaux, car certains appellent à la haine ou à la diffamation et d'autres, tels que le *trolling*, sont des comportements antisociaux.

98. Eli Pariser, *The Filter Bubble: What the Internet Is Hiding from You*, Penguin, 2011.

aux nôtres. Le fil de nouvelles de Facebook s'organise en fonction des échanges, les contenus de ceux avec qui on a le plus d'interaction apparaissent en premier. L'algorithme renforce le biais et en quelque sorte épaissit la surface de la bulle.

D'un individu à l'autre, l'exposition aux médias est devenue différenciée, on a perdu un cadre commun. Cette perte est liée à la nature même de la structure de réseau dont nous connaissons la loi principale, celle de l'attachement préférentiel : qui se ressemble s'assemble. Il ne s'agit pas simplement de la propension sociale à avoir une attirance pour le semblable (l'homophilie, selon le terme de sociologie), mais aussi de l'effet de renforcement produit par les algorithmes de recommandation qui mettent en avant les personnes avec lesquelles nous devrions avoir des affinités. Cette hypothèse, connue aussi sous l'expression de « la chambre d'écho » est particulièrement étudiée par les politistes qui font le constat d'une radicalisation des opinions. Elle est parfaitement illustrée par la popularité des candidatures de Donald Trump et de Bernie Sanders aux primaires pour l'élection présidentielle américaine de 2016. Cette radicalisation serait due au fait que les sources d'information des citoyens proviennent de plus en plus des réseaux sociaux. En examinant 10,1 millions d'utilisateurs Facebook et les affiliations politiques qu'ils déclarent, un groupe de chercheurs[99] conclut à un effet modéré de la polarisation. Mais cette étude est produite par des chercheurs de Facebook, il y a donc un risque de conflit d'intérêts.

99. Eytan Bakshy, Solomon Messing, Lada Adamic, « Exposure to ideologically diverse news and opinion on Facebook », *Science*, vol. 348, n° 1130, 2015.

Ce type d'études s'est multiplié, surtout dans le domaine politique, et tend à confirmer ce résultat. Dans le domaine des goûts culturels et de la consommation, la relation entre exposition aux médias et comportements est plus forte, on en déduit qu'elle est déterminante.

1.4– Capturer la valeur du travail

Des effets sociaux imprévus concernent le travail, l'emploi et leur éventuelle redéfinition. Certains annoncent ainsi la fin du salariat. D'autres, plus prudents, s'attendent à une redéfinition des conditions de travail, avec l'accroissement du télétravail ou du *bring your own device*, plus que d'une transformation de la nature des emplois. Le travail d'Antonio Casilli[100] sur le *digital labor* apporte des éléments de réflexion extrêmement utiles. Le premier est de distinguer clairement le *digital labor* des autres activités de travail affectées par le digital. Ainsi, le travail parcellisé au sein de plateformes de type Amazon Mechanical Turk[101] peut être assimilé aux formes anciennes du tâcheronnage, qui prennent l'allure de micro-job avec des plateformes comme Fiverr, sur lesquelles l'unité de tâche débute à 5 dollars (une retouche photo, la confection d'un logo, etc.). Le modèle semble trouver sa place avec plus de 30 millions de tâches réalisées. Il s'approche des microtâches (d'une durée de 2 à

100. *Cf.* Dominique Cardon, Antonio A. Casilli, *Qu'est-ce que Le Digital Labor ?*, Ina, 2015.

101. Mark Graham étudie la géographie des microtâches qui sont largement localisées en Asie du Sud-Est au service de clients américains. Mark Graham, Bernie Hogan, Ralph K. Straumann, Ahmed Medhat, « Uneven Geographies of User-Generated Information: Patterns of Increasing Informational Poverty », *Annals of the Association of American Geographers*, vol. 104, n° 4, 2014.

30 secondes), comme celles distribuées par Microtask, et qui sont rémunérées par des micropaiements. Mais même pulvérisé en fractions de seconde, il s'agit encore d'un contrat de travail.

Cet univers encore embryonnaire est en voie de croissance. La question est de savoir jusqu'où. Cela concerne aussi des modifications éventuelles de l'organisation du travail des indépendants (par exemple avec Upwork). Les plateformes apportent un élément nouveau par des modes de coordination sous la forme de places de marché du travail. Ce qui encourage à penser que le travail indépendant va se développer et que des statuts particuliers doivent être inventés. En réalité, cette tendance n'est pas observée dans les statistiques, puisque le travail indépendant a perdu 20 % de ses emplois en France depuis vingt-cinq ans. Le phénomène marquant est la multiplication des cumuls d'emploi. Le débat est ouvert.

De son côté, le *digital labor* se distingue par l'absence de rémunération. C'est en quelque sorte un travail spontané, un bénévolat inconscient. Antonio Casilli souligne que : « Par *digital labor*, nous désignons les activités numériques quotidiennes des usagers des plateformes sociales, d'objets connectés ou d'applications mobiles. Néanmoins, chaque post, chaque photo, chaque saisie et même chaque connexion à ces dispositifs remplit les conditions évoquées dans la définition : produire de la valeur (appropriée par les propriétaires des grandes entreprises technologiques), encadrer la participation (par la mise en place d'obligations et contraintes contractuelles à la contribution et à la coopération contenues dans les conditions générales d'usage), mesurer (moyennant des indicateurs de popularité, réputation, statut, etc.). »

L'élément nouveau réside dans le déplacement d'activités appartenant à l'économie domestique vers une économie plus formelle, grâce au caractère appropriable des produits du travail. La photo de famille déposée sur une plateforme devient, par le biais des CGU, un produit revendable sur le marché de l'illustration. Un simple *like* est l'indice d'un intérêt qui permet le ciblage publicitaire et la production d'une valeur monétaire pour la plateforme qui l'enregistre. Ce phénomène pose des questions à propos de la rémunération. Certains proposent la généralisation des micropaiements – pourquoi pas en *bitcoins* ou d'autres formes de monnaies virtuelles –, d'autres envisagent une communalisation *via* des dispositifs de revenu de base inconditionnel, dans l'esprit de la valorisation des tâches domestiques, largement assurées par les femmes au foyer, et de valorisation du travail contributif, qui ne correspondent pas à des emplois.

Une part de l'économie formelle disparaît dans l'économie domestique. Dans le cas du covoiturage, le tarif du transport n'est plus qu'un partage de frais, dans celui du logement c'est un revenu locatif. Mais dans les deux cas, quelle que soit la qualification fiscale, pour la comptabilité nationale ces flux d'argent sont reportés dans la catégorie des échanges entre les ménages qui n'est justement pas comptabilisée. Par exemple, si le chiffre d'affaires de BlaBlaCar était de 50 millions d'euros, compte tenu d'une commission de 10 %, il correspond à un flux monétaire de 500 millions. En supposant que ces trajets sont effectués en substitution au train, dont les tarifs sont deux fois plus élevés, c'est 1 milliard d'euros qui disparaissent de la comptabilité nationale[102]. À la marchandisation correspond aussi une démarchandisation. Les frontières sont troublées.

Quand ces activités deviennent dé-professionnalisées, elles sont le fait d'amateurs qui entrent en concurrence directe avec des corps professionnels établis, et une autre conséquence est évidemment la multiplication des conflits sociaux dans les secteurs d'activités où la consommation collaborative prend une part significative du marché. Le cas d'UberPop en a rappelé l'acuité, même si les autorités ont fixé, au moins temporairement, une frontière.

1.5– Les algorithmes hallucinent aussi

La politique des algorithmes se manifeste dans le domaine du *machine learning*. Ces techniques permettent notamment de réaliser des tâches avancées de reconnaissance : identifier des objets dans des images, des mélodies dans une musique, un sentiment dans un texte, le risque de ne pas rembourser un crédit. Leur capacité d'apprentissage nécessite un effort de supervision, généralement ce sont des humains qui, dans la période d'entraînement, informent l'algorithme de la justesse de sa réponse et le corrige. Au cours du déploiement de l'algorithme, cette population peut être élargie à des humains qui ne sont plus des dresseurs de fauves informatiques, mais les utilisateurs eux-mêmes. Et ces derniers peuvent parfaitement injecter dans les catégories des associations fausses, résultant inconsciemment de leurs stéréotypes.

102. Plus précisément il s'agit de la part de valeur ajoutée qui correspond.

La bêtise d'une intelligence artificielle est de ne pas reconnaître la bêtise de ceux qui l'éduquent. Le lancement de Tay, l'intelligence artificielle que Microsoft a introduite dans les conversations sur Twitter, en a été l'illustration flagrante. Trollé par les internautes quelques heures à peine après sa mise en fonction, Tay est devenu « nazi » en moins de vingt-quatre heures, sur la base de ce qui lui était enseigné[103]. Si une minorité très active tente délibérément d'enseigner à ce type d'algorithmes des croyances qu'ils veulent diffuser, et associent plus fréquemment certains ensembles de termes que la majorité, un biais est généré de manière persistante. Les capacités d'apprentissage de l'AI deviennent le champ de bataille des idéologies.

Ces associations dépendent moins de l'algorithme que des données qui y sont injectées, c'est ce que les spécialistes nomment la « dépendance aux données ». L'algorithme ajuste ses paramètres aux données y compris si celles-ci sont altérées par les biais de sélection ou des catégorisations mal construites. Ce problème a ouvert une discipline passionnante : l'informatique adversiale[104].

L'exemple le plus commun est celui des anti-spams de nos gestionnaires de courriels. Ils apprennent à reconnaître le spam, mais les émetteurs de pourriels (courriels indésirables) apprennent en même temps à mieux les dissimuler, conduisant à une

---

103. Il semble que cela a été intentionnel, comme le rapporte *Le Monde* du 26 mars 2016. Des supporters de Trump auraient délibérément trompé l'IA pour diffuser leurs messages racistes. L'algorithme peut échapper à la maîtrise de ses concepteurs.

104. Un exemple du type de travaux produits par cette spécialité peut être découvert dans Nicolas Papernot, Patrick McDaniel, Somesh Jha, Matt Fredriksonz, Berkay Celik, Ananthram Swami, « The Limitations of Deep Learning in Adversarial Settings », ArXiv, 24 novembre 2015.

adaptation continue où le défenseur a toujours un temps de retard. Pour lutter contre les adversités malicieuses, les développeurs patchent, posent des rustines, réajustent de manière continue la machine. Ces modifications se succèdent sans que leur mémoire soit transmise, faisant naître un nouveau risque : nous entrons dans un monde où le fonctionnement des machines n'est même plus connu par leurs concepteurs.

Les algorithmes ne révèlent pas de vérité, ils se contentent de recomposer des structures complexes de corrélations qui ne valent que dans un espace et à un moment donnés. Ils peinent à établir des lois immuables, et donnent encore moins de raisons pour expliquer l'état des choses. Le prédictif est un art à courte vue, ses paramètres sont fugaces. Cependant, s'ils sont contrôlés et que le processus de production des données est bien pris en compte, ils livrent des éclairages précieux.

Des expériences intéressantes ont été menées pour apprendre aux algorithmes à reconnaître des choses qui n'existent pas. Cela a été fait dans le domaine de l'image ; les ingénieurs ont enseigné aux algorithmes à reconnaître dans des formes molles les volutes d'un nuage ou les toitures d'une ville, des êtres monstrueux dont l'esthétique ressemble au bestiaire de Jérôme Bosch. La seule utilité du projet est de transformer des images ennuyeuses en scènes vibrantes où des têtes de chiens et de poissons surgissent dans toutes les aspérités du paysage. On sait faire halluciner les algorithmes.

Ces expériences, plutôt ludiques, soulignent une chose importante : ce qu'apprennent les machines, n'est pas le monde lui-même, mais la représentation que s'en font les humains. Quand il s'agit de reconnaître des objets dans les images, un lion par exemple, on présente de nombreuses images à la machine, qu'elle cherche à associer à la catégorie qu'on lui propose. Elle apprendra ce que l'humain reconnaît comme lion. Imaginons un seul instant que cet humain considère les images de lion des dessins animés comme des lions véritables (il a mal retenu la leçon de Magritte : « Ceci n'est pas une pipe ») ; il est probable que l'algorithme apprenne à ne pas discriminer le lion et sa représentation. On voit clairement la limite de ces techniques, elles ne valent que si les catégories qu'on veut qu'elles discriminent sont des catégories admises par l'ensemble de la population. La délibération est nécessaire, sans quoi c'est la politique de l'algorithme et de ses seuls concepteurs qui va construire le monde.

2— La gouvernance des algorithmes

La notion de gouvernementalité algorithmique critique l'idée que ce sont les machines qui nous commandent et nous dominent et appelle à la vigilance. C'est le pendant critique de la techno-utopie qu'Evgeny Morozov[105] dénonce sous la notion de « solutionnisme technologique », et conteste l'idée que la technique puisse résoudre tous les problèmes du monde. La critique de la gouvernementalité algorithmique rompt avec l'origine conventionnelle de l'information statistique[106] décrite par Alain

105. Evgeny Morozov, *Pour tout résoudre, cliquez ici ! L'aberration du solutionnisme technologique*, FYP éditions, 2014.

106. C'est notamment le cas en Europe de la philosophe Antoinette Rouvroy, « Gouvernementalité algorithmique et perspectives d'émancipation, Le disparate comme condition d'individuation par la relation », Réseaux, n° 177, 2013.

Desrosières : « L'information statistique ne tombe pas du ciel comme pur reflet d'une "réalité" antérieure à elle. Bien au contraire, elle peut être vue comme le couronnement provisoire et fragile d'une série de conventions d'équivalence entre des êtres qu'une multitude de forces désordonnées cherche continuellement à différencier et à disjoindre[107]. »

Les algorithmes de profilage, de *scoring*, de recommandation, et plus généralement les méthodes prédictives perdent ce caractère conventionnel. Désormais, les catégories ne sont plus négociées entre les parties prenantes, mais construites unilatéralement par les développeurs, élaborées par des machines « a-signifiantes[108] » et des appareils sans intention.

Nous resterons plutôt dans une lignée médiane, celle du « pharmakon », qui voit dans la drogue aussi bien le poison que le médicament. La voie médiane est celle qui accepte le principe que les plateformes agissent sur la conduite des populations, quel que soit l'objectif de leurs propriétaires, entreprises capitalistes ou organisations à but social. La gouvernementalité des plateformes n'est pas aussi parfaite que l'on peut penser. Il y a une dimension accidentelle à leur mise en œuvre. C'est la politique des algorithmes. Il est plus important de construire les moyens de remédier à leurs travers que de les contester, même si la critique est un bon moyen de mieux les connaître.

Les algorithmes ont une puissance primordiale qui affecte nos vies individuelles et collectives. Elle s'exprime dans une

107. Alain Desrosières, *Pour une sociologie historique de la quantification : L'Argument statistique I*, Presses de l'École des mines, 2008.

108. Si les machines traitent de l'information, elles ne produisent aucune signification. Leurs résultats ne prennent sens que dans l'esprit humain.

sorte d'indépendance ; la technique dépasse ses concepteurs. Des règles de conception et de mise en œuvre doivent donc être élaborées. À la gouvernementalité et à la politique des algorithmes doit répondre la gouvernance algorithmique. Autrement dit, gouverner ce qui nous gouverne.

2.1 – La protection de la vie privée

Par leur collecte massive de données, les plateformes font peser une menace de sécurité, fondamentalement technique. Dans un monde dominé par quelques dizaines de plateformes qui maintiennent et enregistrent les activités de centaines de millions de personnes, la protection de la vie privée est très vulnérable, notamment à cause du risque de vol de données et de l'exposition à la surveillance des États. Comme les plateformes ont besoin de la confiance des consommateurs, elles tendent plutôt à préserver la confidentialité des données personnelles, même si l'on doit constater que des conditions générales d'utilisation abusives, floues et mal présentées sont le lot commun. Le droit tente de pallier ces défauts en étendant le droit de vérification et de rectification à la portabilité des données (faculté de les transporter d'une application à une autre), proposant aussi un principe de loyauté des plateformes envers les individus.

Quand les entreprises sont proactives dans leurs politiques de protection de la vie privée, elles permettent aux individus de statuer sur les paramètres de confidentialité des informations qu'ils leur confient. Elles leur proposent des tableaux de bord récapitulant l'état des données, comme le fait Google, les restituent sous des formes brutes (par exemple, récupérer la totalité des tweets émis) ou d'autres plus élaborées. Depuis longtemps,

Amazon propose une archive des commandes passées sur le site. Sous la contrainte du droit et par intérêt, les plateformes vont probablement avoir des politiques de données plus claires à l'avenir. Certaines comme Mozilla ou Qwant en font un élément de différenciation. Quelques plateformes sont tentées d'être moins vertueuses, car persuadées de la richesse des données accumulées.

En Europe, le principe d'*opt-in*[109] impose aux plateformes d'obtenir le consentement des utilisateurs pour pouvoir recueillir leurs données personnelles. Le problème est principalement l'appropriation de la valeur des données personnelles. D'un point de vue commercial, les données personnelles, même limitées à l'essentiel[110], donnent un avantage informationnel à l'entreprise. L'asymétrie d'information entre l'entreprise et le consommateur peut être une source d'abus de position dominante et le moyen de verrouiller la relation.

La vie privée suppose aussi une vie publique et les passages de l'une à l'autre. Les espaces numériques sont aussi ceux où l'on se montre, la culture de l'égoportrait (*selfie*) en est l'ultime démonstration. La vie privée s'arrange avec la vie publique. Il

109. L'*opt-in* est le principe selon lequel une entreprise ne peut collecter d'informations sur un individu que si celui-ci l'autorise préalablement. Il s'oppose à l'*opt-out* qui restreint le droit de l'utilisation à demander après coup la suppression ou la modification d'informations recueillies dans les bases de données. Le droit européen est fondé sur le premier, le droit américain sur le second.

110. Ce pourrait être un élément supplémentaire pour renforcer la loi : mettre en œuvre un principe d'économie dans la collecte des données. Les entreprises ne recueillant que celles utiles à la gestion des services offerts. Cela s'oppose à un principe promu par le *big data* qui encourage les entreprises à tout collecter au titre que l'on découvrira plus tard le moyen de les exploiter. D'un point de vue purement managérial, ce n'est pas une stratégie pertinente : elle disperse les efforts.

vaudrait d'ailleurs mieux parler d'intimité, dont les frontières se reconstruisent à travers la technologie dans un mouvement qui met le dehors au dedans (*via* des écrans), et le dedans au dehors dans les mouvements extimes. Les adolescents, étudiés par Danah Boyd, sont dans cette situation. Leur chambre n'est pas intime, car les parents peuvent y fouiner. C'est dans les cages d'escaliers qu'ils trouvent l'espace d'une nouvelle intimité, celle que l'on découvre dans les relations de camaraderie. C'est avec le smartphone qu'ils en redessinent les frontières.

Pour les plateformes, la dimension informationnelle de la vie privée se traduit immédiatement en termes de confiance. Pour la renforcer, elles ont tout avantage à jouer la carte de la réciprocité. Un frein à l'économie collaborative se situe dans l'intimité des objets que l'on peut échanger : l'échange de vêtements n'est pas un des secteurs les plus dynamiques de cette économie (même si quelques beaux cas existent, comme Vinted, une entreprise estonienne dans laquelle Burda a investi 60 millions d'euros). Même en ne prenant que 1 % ou 2 % du marché de la mode (qui pèse près de 600 milliards d'euros), on aurait dû voir surgir une grande plateforme d'échange de vêtements de seconde main. Mais dans ce domaine, le problème clé est la question du nettoyage, car la peur de la contamination est une limite au collaboratif. *A contrario*, les formules de partage de voitures reflètent une moindre tendance à l'attachement affectif aux véhicules.

Pour les plateformes, l'intimité est aussi une certaine qualité du lien qu'elles veulent instaurer. Les consommateurs souhaitent retrouver un lien humain au travers de la diversité des rencontres possibles, à l'heure où les relations passent par les claviers et les écrans. Préserver ces liens est une nécessité. Elles ont pour cela tout intérêt non seulement à adopter des politiques de *privacy* proactive, mais à donner à leurs utilisateurs les connaissances et les capacités, afin qu'ils aient le sentiment de garder le contrôle. Des études montrent que l'on confie d'autant plus aisément ses données personnelles que l'on fait confiance au site et que l'on a confiance en ses capacités à gérer les données.

2.2– Littératie digitale

L'Organisation de coopération et de développement économiques (OCDE) définit la littératie comme « l'aptitude à comprendre et à utiliser l'information écrite dans la vie courante, à la maison, au travail et dans la collectivité, en vue d'atteindre des buts personnels et d'étendre ses connaissances et ses capacités ». Cette définition est étendue à l'information, aux médias, à l'informatique et aux données : c'est la translittératie. Elle peut être comprise comme étant la capacité de lire, écrire et interagir dans de multiples situations de vie sociale et de consommation, grâce à une large variété de plateformes et d'outils. Cette notion des sciences de l'information rejoint les idées issues des études sur les comportements de consommation.

Savoir contrôler ses données est un des aspects de la littératie digitale. Dans un monde où la consommation est un mode d'existence, être maître de ce que l'on consomme devient un paramètre essentiel de nos sociétés. Cultiver une culture de la donnée chez les consommateurs, de sa protection, de son exploitation, s'avère une nécessité. Savoir configurer ses options de confidentialité, adopter des conduites qui protègent, pouvoir retracer les flux sortants d'information et accepter ou non les intrusions sont des pratiques qui ne sont pas encore bien intégrées. Ce devrait être un engagement fort des autorités publiques. Armer des citoyens face aux menaces, c'est prendre soin d'eux.

2.3– Rétro-ingénierie des algorithmes

Puisque les algorithmes peuvent renforcer des processus de ségrégation, souffler des bulles, troubler les prix, il est nécessaire d'en examiner directement les effets et que se construise une conscience sociale. Même si les entreprises qui pilotent les algorithmes souhaitent en minimiser les effets négatifs, une bonne gouvernance exige la participation de ceux qui y sont exposés – une participation indépendante, *via* des organisations de défense, des syndicats, des journalistes, des universitaires, des lanceurs d'alerte.

La rétro-ingénierie des algorithmes consiste à étudier leurs propriétés et leur mode de fonctionnement, et à détecter les dysfonctionnements. C'est une tendance récente qui se développe dans différents milieux, du journalisme aux activistes en passant par les chercheurs. Un exemple de rétro-ingénierie relatif au Surge Pricing d'Uber indique la méthode à suivre. Les chercheurs ont développé un système de recueil d'informations en hackant une interface et en interrogeant le service Uber à partir de quarante-trois applications différentes. Le jeu de données ainsi obtenu permet d'étudier le déclenchement des périodes et des zones de Surge Pricing. L'étude dégage des stratégies que les consommateurs peuvent utiliser pour échapper au Surge Pricing, dans le but de payer une course moins cher. Ce type de méthode pourrait être employée par les associations de consommateurs.

Les algorithmes doivent être considérés comme des boîtes noires, dont la complexité et l'opacité technique masquent la manière dont elles opèrent. Néanmoins, deux choses sont observables : les données entrantes (*input*) et, en partie, leurs résultats (*output*). On peut alors étudier les corrélations entre les entrées et les sorties. Il faut éviter que les requêtes (les entrées) soient détectables par la plateforme et qu'elles soient assez marginales pour ne pas en influencer le comportement.

Ces approches de rétro-ingénierie peuvent être encouragées par la création de bases de données *open data*. Un bon exemple est celui de la NYC Taxi & Limousine Commission, autorité de contrôle des taxis de New York, qui a fourni au blogueur Chris Whong un jeu de données représentant plusieurs centaines de millions de trajets. En 2013, ce dernier a publié ce jeu sur GitHup. La base de données est anonymisée, extrêmement détaillée et peut servir de test empirique pour l'étude des mécanismes de marché et des tactiques employées par les compagnies de taxis, Uber, Lyft, etc. Ces données permettent d'avoir une base empirique de la réalité, de discuter des situations de positions dominantes et des éventuels effets pervers que peuvent produire les innovations algorithmiques. Elles sont indispensables pour éviter que le débat public soit le terrain où s'affrontent des opinions toutes faites, pétries par les seules mains de l'idéologie.

2.4– La redevabilité algorithmique

Au-delà de l'observation extérieure du comportement des algorithmes, la question de la responsabilité algorithmique (*algorithmic accountability*) est en train de surgir. Elle peut passer par des politiques actives d'*open data*. Elle propose que les exploitants des algorithmes soient dans l'obligation de rendre compte de leurs effets. Pour ce faire, Nicholas Diakopoulos[111] suggère une liste d'éléments à prendre en compte :

a) les critères utilisés pour prioriser, classer, mettre en évidence les objets de l'algorithme ;

b) les données d'entrées et les paramètres utilisés pour initier l'algorithme ;

c) les éléments sur les faux positifs et les faux négatifs ainsi que les raisons justifiant l'arbitrage entre les erreurs ;

d) des éléments sur les jeux de données d'entraînement et les risques de biais tout autant que la dynamique d'apprentissage de l'algorithme ;

e) les définitions et opérationnalisations des similarités et des algorithmes de classification automatique. Une liste dont les termes précis sont à discuter et les conditions à fixer.

L'ampleur du problème peut être appréciée grâce au courant de recherche informatique qui tend à l'interdiction légale de la discrimination, notamment pour le calcul des scores de solvabilité, effectué en déduisant la probabilité de défaut en fonctions des nombreuses variables disponibles dans les bases de données. Les échantillons peuvent être biaisés, car si la fréquence des défauts de paiement des Afro-américains est plus élevée que celle des Caucasiens, c'est simplement que la proportion de pauvres est plus élevée chez les premiers que chez les seconds.

111. Nicholas Diakopoulos, « Algorithmic Accountability Reporting: On the Investigation of Black Boxes », Tow Center for Digital Journalism, 2014.

La couleur de peau ne devrait avoir rien à voir avec cela. Dans un tel échantillon, la corrélation sera cependant reprise dans le modèle et les Noirs risqueraient alors d'être exposés à un taux de refus élevé et injuste.

Il s'agit donc d'imaginer des procédures visant à effacer ce type d'effet dans les algorithmes, tout en préservant leur efficacité prédictive. C'est se poser la question de la justice de l'algorithme. Cependant, ce type de méthode ne peut se faire qu'au détriment de la confidentialité des données ! En effet, la solution proposée s'appuie sur un théorème qui stipule que l'algorithme est juste si les écarts de scores sont inférieurs aux écarts de profils. Mais pour mesurer ces derniers, il faut accéder à des informations privées. Une diminution de la vie privée est le prix à payer pour obtenir plus de justice.

En dépit de cette nouvelle difficulté, cela détermine une idée essentielle. Il est nécessaire d'imposer aux algorithmes des contraintes autres que l'optimum économique ! Ils doivent aussi prendre en compte des contraintes éthiques. Pour cette simple raison, on ne peut les laisser se construire et se paramétrer dans l'ombre du secret. Leur conception même est l'objet d'une question politique et il reste à inventer les moyens de l'introduire dans le processus de modélisation, en faisant participer non seulement les statisticiens, mais aussi les consommateurs ou leurs représentants.

– VI –

L'appareil de la consommation

« Le livre n'est pas. La lecture le crée, à travers des mots créés, comme le monde est lecture recommencée du monde par l'homme. »
Edmond Jabès, *Le livre des questions*

Le lecteur s'étonnera que le point de vue du consommateur soit abordé si tardivement, mais il aura compris que la perspective des plateformes s'inscrit dans celle de l'offre. Dans le monde des plateformes, le point de départ n'est pas le besoin du consommateur, mais l'invention technologique. Dans la quasi-totalité des cas, les plateformes sont amenées à modifier leurs interfaces et leurs fonctionnalités pour s'ajuster *a posteriori* aux exigences des consommateurs.

Le client est roi quand il s'agit de choisir et que le choix lui est offert. Il est roi quand deux eaux minérales lui sont proposées, l'une célébrant la magie des montagnes qui la filtrent et la minéralisent, l'autre qui trouve dans les volcans les vertus purgatives qui assurent une digestion tranquille. Les plateformes sont plus brutales : elles ne se soucient pas des subtilités d'une image ou des variations du désir. Elles vont droit au fait : offrir moins cher l'équivalent de ce qui est proposé ailleurs, ou résoudre un problème deux fois plus efficacement au même prix.

Les critères mis en valeur par les consommateurs à propos du collaboratif sont la simplicité, le caractère pratique et le prix peu élevé. Tant pis pour les as du marketing, les artistes du positionnement, les pros de la communication. Le fondamental prime. Quand les plateformes réussissent, c'est qu'elles amènent une rupture nette dans l'offre de valeur, le rapport des bénéfices du consommateur sur le sacrifice qu'il consent.

La logique de la location contre celle de la possession ne tient pas à ce que nous fétichisons moins la propriété, en préférant le simple usage, mais à ce que nous n'avons pas les moyens d'acquérir le bien. Même s'il est plus coûteux, *in fine*, de louer ce bien, le consommateur peut n'avoir que cette option. Le développement de la consommation collaborative ne s'explique pas par des valeurs non matérialistes. Qu'on accorde une importance élevée à la possession ou non d'une voiture de luxe est sans aucun rapport avec l'intention de participer aux plateformes de consommation collaborative. Cela fait cependant comprendre quels sont les objets que l'on accepte de partager. On hésite à partager les choses qui ont été contaminées par la peau ou la salive d'autrui, comme un vêtement ou un fruit[112].

112. Jennifer J. Argo, Darren W. Dahl, Andrea C. Morales, « Consumer Contamination: How Consumers React to Products Touched by Others », *Journal of Marketing*, vol. 70, n° 2, avril 2006.

On prêtera ainsi plus facilement sa voiture que ses vêtements, une résidence secondaire que son logement principal. On ne partage pas les objets de notre attachement, ceux qui portent une partie de nous-mêmes, les traces de notre intimité.

Les arguments environnementaux et sociaux ne sont pas non plus suffisants. Si le covoiturage est une source de réduction d'émission carbone, ce n'est pas la motivation des covoiturés. Elle peut cependant les conforter, mais elle n'en est pas le moteur. On notera que les passagers d'Uber ne semblent pas faire grand cas de son caractère équitable, de même que, pour Couchsurfing, le passage d'un modèle associatif à un modèle capitaliste n'a pas dissuadé les utilisateurs. Le caractère responsable des plateformes n'est pas une motivation majeure de leur adoption, même s'il est un élément clé de leur légitimité.

Plus que l'expression d'une défiance à l'égard de la consommation, la réussite d'un certain nombre de grandes plateformes souligne l'appétit de consommation. Les plateformes donnent accès à des produits – qui ne seraient pas accessibles avec un pouvoir d'achat limité – et donnent la possibilité d'obtenir des revenus complémentaires destinés à consommer plus. Choisir Airbnb pour partir en vacances permet d'économiser sur le prix de l'hôtel, ce qui donne l'opportunité d'aller plus souvent au restaurant et d'alimenter son budget avec les gains obtenus en louant sa résidence habituelle. Le « consommer mieux » que l'on cherche à associer aux plateformes est un habillage, il se confond plutôt avec le « consommer vite », à la demande, à l'instant.

Les plateformes n'existeraient pas dans leurs formes actuelles si les consommateurs n'étaient pas au moins équipés d'une connexion Internet et d'un smartphone. Dans un futur très proche, une multitude d'objets dans leurs maisons, leurs voitures, leurs vêtements ou dans le corps lui-même compléteront la panoplie. Ce qui est nouveau dans le domaine de la consommation, ce n'est pas le changement de valeurs, de rapport aux choses, de libido ou de moralité, mais c'est l'équipement des consommateurs.

La carte bleue qui facilite le paiement, la liste de courses griffonnée sur un coin de table, le Caddie pour transporter un poids excessif, la voiture sans laquelle les courses du samedi ne peuvent être amenées à la maison, la carte de fidélité, les congélateurs pour la conservation..., l'inventaire des instruments et de leurs usages mérite, à lui seul, une encyclopédie des techniques de consommation. Ajoutons-y les techniques d'hygiène du corps et de la maison, celles de l'alimentation. Il y a autant de techniques dans la consommation que dans la production. Il faut disposer d'équipements et accomplir un certain travail pour consommer. L'appareil de la consommation n'a pas attendu Internet.

Mais la consommation passe de plus en plus par le digital et ses multiples outils qui se nichent dans le smartphone, avec des applications de listes de courses, des cartes de fidélité et de paiement, des QRcodes, des comptes client, des comparateurs, des interfaces de commande immédiate. Ils envahissent les tableaux de bord, celui de la voiture comme celui de la banque. Ils s'emparent des commandes de la maison avec l'apparition de thermostats intelligents ; le bouton Dash et les scanettes font entrer le supermarché dans la cuisine. Dans la consommation ordinaire, les instruments de paiement, les moteurs de recherche, les filtres, les systèmes de recommandation, les espaces client, les automates d'approvisionnement, les optimiseurs d'énergie façonnent un nouvel environnement de la consommation.

Ce système d'aide à la consommation non seulement devient plus complexe, mais surtout il est contrôlé par des tiers. Pour s'en faire une image précise, pensons au porte-monnaie, qui aujourd'hui prend la forme de *wallet*, un portefeuille digital dont les données sont conservées, traitées, gérées sur de multiples plateformes : coffre-fort électronique, moyens de paiement, accès aux comptes et programmes de fidélité, historiques d'achat, listes de courses prédéfinies sur la base des achats antérieurs.

L'appareil de la consommation semble être une sorte de collier digital par lequel les plateformes impriment leurs volontés sur nos actions, exercent une surveillance constante et orwellienne. Mais les fonctions prévues ne sont pas toujours celles que les humains emploient. L'art du détournement, du bricolage et de la subversion est souvent plus subtil que la logique des machines. Acteur et spectateur, producteur et consommateur, l'appareil redéfinit le rôle du sujet dans la société et marque l'ambivalence d'une nouvelle ère de la domestication.

1– Un collier digital

Il y a toujours une vision naïve de la publicité et du marketing qui tient largement aux théories du complot. Des messages subliminaux seraient introduits à notre insu dans les replis du cortex ou de l'hippocampe pour guider nos désirs. La littérature spécialisée, malheureusement pour les marques, conclut à la faible efficacité de la publicité[113], sauf pour les nouveaux produits. Si les annonceurs continuent à investir, c'est parce que ne rien faire serait tomber dans les limbes de l'oubli et de l'ignorance, et laisser les concurrents prendre le dessus. Les marques doivent au moins être présentes à l'esprit des consommateurs, à défaut de les persuader. Faire de la publicité ne fait pas vendre beaucoup plus, ne pas en faire c'est être certain de vendre moins.

C'est ce qui amène le marketing à choisir des approches de communication plus directes et plus continues et à privilégier une stratégie de contenus et de conversation qui a trouvé un terrain d'expression privilégié dans les réseaux sociaux. Il s'agit désormais de pouvoir être présent à tous les moments du « parcours client ». À chacun de ces instants, les marques essayent de procurer la meilleure expérience. Ces moments commencent quand on pense à ce dont on a besoin, à l'instant où l'on choisit, celui où l'on paie, où l'on attend la livraison, et il se poursuit avec la lecture des documentations ou l'utilisation du service après-vente.

L'objectif de ce type de politique marketing s'incarne dans la notion de gestion de la relation client (CRM). Les plateformes (telles que Salesforce, avec un produit comme Journey Builder) excellent à cartographier ce parcours et à accompagner les clients afin de leur délivrer des messages et des services personnalisés, pertinents et opportuns, sur les canaux de leur choix. Plus le

113. L'élasticité de la publicité à long terme est en moyenne de 0,24 % ce qui signifie qu'accroître les budgets de 10 % ne produit un accroissement des ventes que de 2,4 %. Elle aurait, de plus, baissé au cours des dernières années. *Cf.* Raj Sethuraman, Gerard J. Tellis, Richard A. Briesch, « How Well Does Advertising Work? Generalizations from Meta-Analysis of Brand Advertising Elasticities », *Journal of Marketing Research* (JMR), vol. 48, n° 3, juin 2011.

consommateur est équipé (programme de fidélité, usage de comptes sociaux, boutons digitaux, applications géolocalisées, etc.) et plus ce parcours est aisé à tracer et retracer. La domestication du consommateur s'appuie sur les trois acceptations du terme suivantes :

– le marché domestique ou interne qui se distingue des autres par des frontières plus ou moins étanches ;

– le domestique au sens des affaires de la maison ;

– le processus anthropologique par lequel on fait de certaines espèces des commensaux payant le soin qu'on leur accorde contre de l'affection.

Domestiquer le client c'est nouer avec lui une relation constante, caractérisée par la confiance, et façonner un environnement stable et ajusté constitué de routines, d'habitudes, de rituels. Le bénéfice que la marque retire de cette politique est une fidélisation accrue – on se pose moins la question du choix, on est moins sensible au prix, on achète en comptant moins. Ceci donne aux marques qui réussissent cette politique un peu plus de liberté dans le pilotage de la marge. On est bien loin de la manipulation directe. À l'heure des objets connectés, ce type de stratégie devrait s'épanouir et se raffiner. Des exemples apparaissent déjà, comme *Pay How You Drive*. Les imprimantes sont capables de commander du toner quand la cartouche touche à sa fin, dans la cuisine, le fantasme du réfrigérateur connecté donne des idées aux balances et même à la cocotte et se réalise sous la forme de magnets connectés aux marques. Le thermostat Nest devient le chef d'orchestre domestique : il règle la température, commande l'éclairage.

1.1– Un collier pour notre bien

Le principe du collier digital doit se comprendre non pas comme un contrôle direct et absolu qui vise à nous contraindre, mais comme une amélioration sincère de la qualité des services rendus. Il est ridicule de croire que les systèmes techniques proposés aux humains sont conçus pour les tenir, comme l'on tient un chien en laisse. Un smartphone n'est pas un bracelet électronique, du moins n'a pas été conçu pour exercer cette contrainte.

L'essentiel est dans l'obsession de leurs concepteurs de fournir plus de satisfaction, plus de services, une expérience plus forte. C'est la croyance qu'en rendant plus de services on échappe à la compétition. Le cas d'Apple est le plus évident. Cette firme dont l'essentiel des ventes et des profits vient de son smartphone, l'iPhone, a une stratégie limpide : en ne réalisant que 17 % des ventes unitaires, Apple concentre 80 % des profits de l'industrie des smartphones. Une proportion substantielle des consommateurs parmi les plus aisés préfère un produit cher à d'autres moins coûteux. Il faut satisfaire ces préférences en concevant des produits plus beaux, plus enviés et en fidélisant une armée de développeurs pour doter l'iPhone d'applications toujours plus nouvelles et exclusives. Quand Apple lance l'application Home Connect, elle cherche à élargir les fonctionnalités de son smartphone et d'en faire le *hub* à partir duquel elle contrôlera l'ensemble des appareils de la maison.

On peut critiquer les préférences des acheteurs de l'iPhone, souligner que leurs valeurs sont plus ostentatoires qu'utilitaires, qu'ils sous-estiment l'impact social de leur choix, peu importe. Apple se concentre sur un objectif : donner de bonnes raisons pour que l'on préfère son smartphone, en dépit du prix bien plus élevé que celui de ses concurrents. Le sens de la mise en scène n'est pas le point clé, la firme fonde sa stratégie sur le principe simple de la satisfaction, sans laquelle il n'est pas possible d'asseoir durablement les préférences. S'il faut chercher un effet pervers, c'est que le consommateur, face à cette compétition, réajuste ses attentes vers le haut, de telle sorte qu'il n'est jamais réellement satisfait. C'est sans doute le vrai procès de la consommation.

Il en est de même pour les appareils qui nous aident à consommer. Leur finalité et leur intérêt se résument dans les gains de productivité des activités de consommation : procurer plus d'effets utiles pour un même effort, ou moins d'efforts pour le même effet. Consommer c'est aussi un travail qui prend du temps, demande des efforts de recherche, des opérations particulières (commander, payer, transporter). Les entreprises prises dans le jeu concurrentiel tentent d'améliorer notre expérience, de réduire l'effort, d'accroître la gratification. L'appareil est aussi là pour ça.

L'exemple des applications de réservation de voyages en est une illustration. Leur but est de faciliter la commande en améliorant la qualité des moteurs de recherche et des outils de filtrage, mais aussi de simplifier le paiement. On fait de véritables progrès quand l'application met à jour notre agenda électronique avec les coordonnées du voyage, y intègre les billets, maintient la comptabilité des dépenses. Certains s'étonneront de tant de complexité quand autrefois un billet de train glissé à la bonne page de l'agenda papier suffisait. Sans s'attarder sur le jugement moral, il faut constater que c'est cette même mécanique désespérante d'une compétition pour une meilleure satisfaction qui conduit à cette situation, faisant naître d'autres frustrations (la batterie éteinte quand il faut montrer le code-barre au contrôleur) et d'autres solutions.

1.2– Faciliter le choix

L'agenda est bien plus qu'une métaphore. La plupart des applications cherchent à faciliter la coordination d'activités plus ou moins dépendantes liées à la consommation et à ceux (les amis et les marques) avec qui les individus partagent ces activités (en partie ou en totalité, dans le temps et dans l'espace), en tenant compte des exigences d'intimité et de confidentialité. Accepter qu'il n'y a pas de manipulation, d'interférences arbitraires, n'empêche pas un certain degré de contrôle. Le collier digital agit moins sur nos mouvements que sur le paysage dans lequel nous nous mouvons. Examinons cela sous trois angles : l'influence des moteurs de recommandation, les attitudes à l'égard de la protection de la vie privée et l'effet des feed-back.

Netflix est un modèle en matière de recommandation. L'entreprise de streaming vidéo a organisé un concours doté d'un prix de 1 million de dollars pour qui améliorerait de 10 % la précision de son moteur de recommandation. Le but a été atteint, mais pour Netflix l'objectif était plutôt de glaner des idées. Un des aspects du système de recommandation qui exploite une batterie de modèles prédictifs des évaluations est la qualification fine des films et des séries. Au sein de Netflix, plus de quarante personnes travaillent à taguer les nouveaux films, puis un algorithme génère des microgenres : « Film français, interprété par les monstres sacrés du cinéma. » Il semble que 75 % de ce que les gens regardent est quelque chose qui a été recommandé par la machine. Ce n'est pas assez pour apprécier l'efficacité ; en effet soit les consommateurs sont paresseux et choisissent ce qu'on leur propose tant que ça ne leur déplaît pas, soit l'algorithme prédit précisément ce que l'on souhaite, car l'algorithme a appris à nous connaître. L'environnement des choix est dans les deux cas fortement affecté : chaque abonné visualise un écran personnalisé, fabriqué au gré des recherches et des consultations, façonné par une intelligence rudimentaire, mais assez efficace. Pour Netflix, c'est autant d'écrans différents que d'abonnés.

Les moteurs de recherche ont des effets subtils et contingents. Il y a d'abord des phénomènes de « réactance » : le simple fait de proposer entraîne une réaction de rejet chez les plus experts quand le choix est déjà formulé. Novices et experts peuvent avoir des réactions différenciées à différents types de recommandations : les premiers sont plus sensibles à celles basées sur les bénéfices (notes) ou celles basées sur les attributs (tag). Selon le degré d'expertise, le moteur de recommandation peut réduire le nombre d'options considérées, c'est le cas des novices qui ne regarderont que quelques titres. En revanche, les experts examineront plus de titres qu'ils ne l'auraient fait dans un vidéo club. Pour les premiers, le moteur de recommandation résout le problème de choix et de classement des options, pour les seconds il améliore la productivité des tâches de recherche qui devient plus pertinente, plus gratifiante et motive à considérer plus d'alternatives surtout quand les moteurs ont une certaine sérendipidité, cette qualité ultime que l'on demande à une aide à l'exploration.

De manière générale, l'économie comportementale peut être d'une grande aide pour comprendre les effets du design de l'interface. On peut la définir comme l'étude des décisions déformées par les biais cognitifs. Quelques exemples : le biais de confirmation fait qu'entre deux informations on tiendra plus compte de celle qui confirme nos croyances ; l'ancrage mental fonde le jugement sur la première impression ; le biais de conformisme nous pousse à ressembler aux autres, etc. On s'aperçoit en les examinant que les effets de ces moteurs de recommandation sont plus subtils qu'on ne le pense. Ils ne sont certainement pas mécaniques. Croire que la technique et les algorithmes déterminent les choix est une erreur. Tous les sujets ne réagissent pas de la même manière à un même stimulus. Le collier ne dicte pas les choix, il constitue simplement un cadre du choix. Le design et l'architecture jouent un rôle important, mais insuffisant.

1.3– L'hypothèse de la surveillance

Selon le panoptique, dispositif de Jeremy et Samuel Bentham dont Michel Foucault a popularisé l'idée, le simple fait d'être vu conduirait à modifier nos comportements. Au moins deux éléments permettent d'évaluer le poids de la surveillance.

Sur les réseaux sociaux, l'exposition au regard des autres, les proches amis, mais aussi les étrangers, affecte modérément ce que l'on publie ou que l'on déclare apprécier. Ce regard invite à partager des contenus positifs plutôt que négatifs, à éviter les polémiques, à privilégier le spectaculaire et ce qui peut attirer en retour une forme de reconnaissance. En effet, parmi les motivations, celle de la valorisation de soi (estime de soi, reconnaissance, admiration) et celle de la réciprocité jouent un rôle important. L'égoïsme et l'altruisme œuvrent de concert.

D'autre part, on observe une assez forte continuité dans l'expression d'un sentiment d'inquiétude à l'égard de ce que deviennent nos données et de ce qu'en font ceux à qui on les confie. En ce domaine, la confiance est faible. Cependant, cette préoccupation est peu corrélée à nos comportements et ne contribue pas du tout à nos intentions de publier sur les réseaux sociaux, de remplir les formulaires en ligne, de s'équiper en objets connectés. Ce paradoxe de la vie privée peut s'expliquer de trois manières :

– La première relève de la notion d'actualisation. Ce qui se produit dans le futur a moins de valeur que ce qui se produit dans l'immédiat. On préférera donc bénéficier de suite d'un avantage, même si pour l'obtenir il faut subir un risque dont la réalisation est tardive.

– La seconde est plus tragique, c'est celle de la résignation. Même si nous connaissons les risques et le coût, ne pouvant rien y faire, nous faisons comme s'il n'en était rien.

– La troisième explication réunit les précédentes : nous ne jugeons pas sur un même plan, avec les mêmes critères, des objets abstraits ou des objets concrets, des choses lointaines ou de choses proches, et bien sûr le futur et le présent. Les jugements relatifs à la question des données seraient formés sur la base d'éléments abstraits, la menace orwellienne ou le spectre d'un œil omniscient, tandis que les actions qui les relèvent le seraient sur la base d'avantages précis, concrets, immédiats.

1.4– L'hypothèse du feed-back

Mesurer un nombre de pas, commander un lot de produits ménager à travers un magnet adhérant au réfrigérateur…, ces objets ne prennent un sens que quand ils sont connectés. Cette connexion permet le déploiement de boucles de feed-back. Les mesures sont transformées, lissées, agrégées au sein de plateforme de données restituées sous la forme de notifications, de tableaux de bord, de scores, de recommandations. On présume que les actions des individus varieront en fonction des retours de performance, des comparaisons effectuées par rapport à la norme – marcher 10 000 pas par jour, réaliser un score plus élevé que celui de son meilleur ami, économiser une quantité d'énergie.

Le *quantified-self* est, pour certains, le linéament d'un nouveau mode de vie où les techniques de maîtrise et de discipline de soi trouveront leur achèvement dans la quantification des activités et du corps : surveiller le cœur, le sommeil, l'émotion, le stress, l'alimentation, la sudation, l'activité sexuelle même, la qualité de l'air respiré. Cette quantité innombrable de paramètres physiologiques et psychophysiques est au service de l'équilibre absolu, d'une pleine maîtrise de soi.

Il n'est pas sûr que ces préoccupations soient largement partagées. On ne se soucie pas de soi à ce point-là, beaucoup évitent les balances, n'ouvrent pas leurs relevés de compte, marchent quand ils en ont envie, se contentent des réactions physiologiques : un mal de ventre, des maux de crâne, l'humeur, le sentiment d'être bien dans son corps.

Dans ce domaine, on retiendra les résultats mitigés obtenus avec les compteurs intelligents. La simple mesure instantanée ne suffit pas à changer les comportements de manière plus forte qu'une méthode plus rudimentaire, mais moins coûteuse. L'idée qu'un simple feed-back suffit à entraîner des changements de conduite est sans doute trop naïve. Il faut prendre en compte la formation des normes.

L'économie comportementale, à la frontière de l'économie et de la psychologie, étudie la problématique de l'excès de choix. Selon Barry Schwartz[114], un choix réduit facilite la décision, alors qu'un excès de choix possibles l'inhibe. Si les sujets (consommateurs ou citoyens) sont irrationnels (on dira plus généralement vulnérables), il y a une justification à interférer dans leur choix et à simplifier des tâches trop difficiles, coûteuses ou trompeuses, comme a voulu le faire un maire de New York en limitant la contenance des canettes de Cola. Mais simplifier n'est pas la seule réponse. À l'inverse, on peut augmenter la capacité de décider dans un environnement complexe en fournissant les appareils qui suppléent aux faiblesses des sujets. La simplicité n'est pas le propre d'un objet, c'est une relation : le rapport entre la complexité d'un objet et nos capacités à l'appréhender. L'approche autoritaire tente désespérément de réduire le choix ; l'approche démocratique renforce les capacités des sujets.

Dans une société technique, pour bien vivre il faut équiper les citoyens, les travailleurs et les consommateurs, d'instruments qui leur permettent de résoudre des tâches difficiles. Il faut également des institutions qui les soutiennent et une culture qui les rende intelligents, adaptés à ce monde. La conception des

114. Barry Schwartz, *The Paradox of Choice, Why More Is Less*, Harper, 2004.

instruments doit être de telle sorte qu'ils n'interfèrent dans les décisions. Les moteurs de recherche, de comparaison et de recommandation devront être justes, à la fois dans leurs effets individuels et collectifs.

2– Quand le chien tire le maître

Quand le maître promène son chien en laisse, la plupart du temps l'animal tire, s'arrête et tente de s'écarter de la direction prévue. Mais si le maître n'a pas un chemin prédéterminé, c'est le chien qui tire le maître et décide du parcours à suivre. C'est également le cas avec le collier digital. L'ensemble des appareils qui forment un tampon avec le monde nous permet aussi d'agir sur lui. Si l'appareil oriente l'espace de nos actions, il ne dit rien de celles que nous allons mener. On s'empare de leurs facilités et on contourne leurs contraintes. Ce que les ingénieurs conçoivent, c'est un idéal qui leur ressemble. Leur travail se traduit par un spectre d'usages possibles, dont disposent les consommateurs.

2.1– Les affordances

Croire que les objets n'ont que la fonction pour laquelle ils ont été créés est naïf. Les fonctions que les concepteurs ont mises en œuvre ne sont pas toujours choisies par les utilisateurs, ni comprises en tant que telles. « Le terme "affordance" a d'abord été inventé par le psychologue James Gibson (pour identifier les propriétés actionnables entre le monde et un acteur [humain ou animal]). Pour Gibson, les affordances sont une relation. Elles sont une part de la nature, elles n'ont pas à être visibles, connues ou désirables. Certaines sont à découvrir, d'autres sont dangereuses[115]. »

Un objet à la fois simple et curieux illustre cette idée : le bouton Facebook. Simple, car il ne comprend qu'une modalité positive : « J'aime. » Curieux, car il permet d'exprimer la défiance, la désapprobation, le désaccord, voire le dégoût. L'étude de son usage montre qu'il ne sert pas forcément à ce à quoi il est destiné : recueillir l'assentiment. *Liker* peut signaler que l'on a vu le contenu, contribuer au succès de la contribution, montrer à ceux qui ont déjà *liké* que l'on rejoint leur communauté éphémère, etc. La simplicité du dispositif est maximale, mais l'ambiguïté du sens et sa contextualisation le sont aussi. Ce n'est pas sans problème pour la plateforme. Pour Facebook, c'est le moyen de mieux connaître nos goûts et préférences et, par la connaissance de ces « oui », de pouvoir mieux calculer la probabilité que nous cliquions sur telle ou telle publicité. Mais le fait que le réseau social ignore comment se distribue dans la population la signification de ces actions trouble sérieusement la construction de ce type de modèle.

Imaginons que nous ayons deux groupes d'individus qui répondent positivement, mais pour des raisons différentes, aux mêmes types de messages (des chatons et des poneys). Les premiers parce qu'ils adorent effectivement les chatons et les poneys, les seconds, dans l'intention maligne d'augmenter la popularité de ceux qui postent ces « kitcheries » et les couvrir de ridicule. On peut imaginer que les premiers réagiront positivement à une publicité qui associe chatons et poneys, quand les

115. Donald A. Norman, *The Psychology of Everyday Things*, Basic Books, 1988.

seconds y seront indifférents. Cela se traduirait par une absence totale de corrélation entre le message et les comportements. C'est pourquoi Facebook s'est finalement résolu à offrir des boutons complémentaires, permettant de mieux préciser nos sentiments et d'avoir un meilleur contrôle en réduisant nos ambiguïtés, car c'est la condition pour monétiser cette information auprès des annonceurs.

La limite des plateformes est qu'aucun dispositif ne détermine véritablement les comportements humains, qui restent créatifs dans la manière dont ils s'adaptent, et sème l'incompréhension chez ceux qui les gouvernent.

Le passage de l'individuel au collectif, celui de la psychologie à la sociologie, présume que les affordances peuvent être associées à la formation de conventions. Dans la mesure où les individus interagissent, apprennent les uns des autres, certaines affordances peuvent devenir conventionnelles et réguler les activités. La fixation des points de rendez-vous dans le covoiturage en est une illustration précise. Ces aires de covoiturage ne sont pas proposées par la plateforme ni par les collectivités locales, elles se dessinent par les échanges interindividuels, jusqu'à devenir connues de tous. Elles construisent ainsi les nouvelles pratiques de consommation, une nouvelle culture.

2.2– L'appropriation et le bricolage

Le rapport des humains aux objets techniques n'est pas défini simplement par celui de l'investissement requis avec les bénéfices apportés, mais par le processus qui conduit l'objet à devenir une part de soi, à s'insérer dans l'espace de vie du sujet. C'est l'appropriation qui insère l'objet acquis dans une sphère intime, une extension de soi. Roger Silverstone[116] distingue l'acquisition de l'objet et son intégration à la vie sociale. Son modèle est composé de quatre phases qui organisent les activités principales.

– La première phase, l'appropriation proprement dite, est relative à ce que l'on fait pour acquérir l'objet. S'il s'agit d'une application, le téléchargement, les premiers éléments de configuration, les discussions et les essais avec les proches (pensons à l'initiation des parents par leurs enfants aux vertus du covoiturage !), l'exploration des fonctionnalités.

– Dans la seconde phase, dénommée objectification, l'objet acquis est installé dans l'espace et la temporalité, l'environnement de son usage est créé. Il s'agira, par exemple, du positionnement de l'application dans le smartphone, de la temporalité et de la manière dont on la synchronise avec d'autres services (un agenda, des réseaux sociaux), la fréquence de consultation, les rituels d'utilisation. Elle requiert un apprentissage, des essais, jusqu'à ce que l'usage se stabilise.

– Au cours de l'incorporation, la troisième phase, de voyage en voyage, habitudes et rituels tendent à s'établir, associant les activités périphériques (l'appel de confirmation au conducteur, la définition du point de rencontre, l'inscription dans l'agenda, la recherche d'un hôtel).

– La dernière phase, celle de conversion, concerne les relations entre la sphère d'utilisation privée et le domaine public.

116. Roger Silverstone, Leslie Haddon « Design and the domestication of information and communication technologies: technical change and everyday life », *in* Roger Silverstone, Robin Mansell (dir.), *Communication by design: The politics of information and communication technologies,* Oxford University Press, 1996.

Ce sont les techniques qui permettent de faire valoir les confirmations en guise de facture pour des remboursements, l'affirmation auprès des cercles professionnels de l'usage de l'application.

L'appropriation suppose une culture qui est autant un héritage qu'une production, un imaginaire et ses manifestations. C'est le propre de la culture matérielle, de ses pratiques et de ses artefacts. Elle varie d'une population à l'autre, d'un pays à l'autre même si les interfaces (applications et terminaux) sont les mêmes. On s'aperçoit ainsi que le divertissement et la communication sont les attentes principales dans les pays les plus développés, la réalisation et le développement de soi jouant un rôle plus fort dans les pays émergents[117]. Ce qui est ici un média peut être ailleurs un outil de travail. En France, Facebook est principalement employé pour se divertir et maintenir le lien avec ses proches. Pour les manucures brésiliennes, c'est un outil de travail. Mal payées dans les salons de coiffure, elles arrondissent leurs fins de mois en faisant de la vente directe des produits Natura sur le réseau social. Elles représentent 1,5 million d'ambassadrices pour la marque.

Il n'y a pas de déterminisme technique qui se heurterait à la plus ou moins grande compétence des utilisateurs. L'usage est négocié. Deuxièmement, l'adoption n'est pas un processus binaire d'acceptation ou de refus, dont la probabilité dépend de facteurs tels que l'utilité, la facilité d'utilisation, la jouabilité, ou d'autres proposés par les modèles fonctionnels. Il y a

117. L'étude du cabinet Wave en fournit un bon aperçu, même si elle n'analyse que les besoins satisfaits sur les plateformes sociales et ne plonge pas dans les micropratiques.

une construction progressive beaucoup plus qu'un apprentissage au sens de la transmission et de l'intégration de connaissance et de compétences. Enfin, le processus n'est pas simplement un face à face de l'utilisateur avec l'objet technique ; l'environnement, au sens de l'écosystème du sujet, est impliqué activement, il n'est pas que le paysage de l'action, mais un acteur à part entière. L'enjeu de l'appropriation va au-delà de l'utilisation, c'est l'insertion de l'objet et des services qu'il rend, dans l'environnement proche et intime des utilisateurs, celui de leurs pratiques sociales.

Voilà qui ouvre un espace de liberté considérable à notre animal, le consommateur. Dans le digital, cependant, la nature technique des objets conduit à une reconception continue, à des réadaptations constantes, même si des points d'équilibre se maintiennent. C'est d'ailleurs une des forces du modèle de plateforme : le socle stable permet aux éléments périphériques de varier continuellement.

Un bel exemple de ce phénomène s'est produit avec eBay en 2008. Dans une note à l'adresse de ses utilisateurs, eBay déclare qu'« une majorité d'acheteurs choisissent de ne pas laisser d'évaluation négative ou neutre lorsqu'ils ont eu une mauvaise expérience, par crainte de recevoir en retour une évaluation négative de la part du vendeur. Nos données nous indiquent en effet qu'actuellement les vendeurs laissent des évaluations négatives "en représailles" huit fois plus souvent que les acheteurs. »

Une refonte du système a été engagée, conduisant principalement les vendeurs à ne plus faire d'évaluation négative ou neutre, et à laisser un délai de carence de trois jours avant que les acheteurs ne puissent noter les vendeurs – ainsi qu'un mode de calcul fondé sur la proportion d'avis positifs plutôt que leur moyenne. Une modification aussi drastique d'un des composants clés de la plateforme n'est pas que l'ajustement d'un mécanisme imparfait, c'est aussi la manière dont les protagonistes se sont saisis des affordances et se les sont appropriées.

Il y a aussi dans ce cas une dimension écologique au sens strict du terme, puisque l'écologie est la discipline qui s'intéresse aux interactions entre les populations. Le processus d'appropriation est différentiel, il se traduit par des modalités spécifiques aux populations qui interagissent – ici celles des vendeurs et des acheteurs –, et cela peut se traduire par des réductions ou des augmentations de la taille des populations, et donc du chiffre d'affaires. En changeant de système de notation, les évaluations négatives sont moins nombreuses et une incitation plus forte est produite pour que vendeurs et acheteurs réalisent plus de transactions.

La question des affordances s'inscrit dans celle de l'appropriation, elle en est la face technique, même si son crédo est celui de la relation, la fonction émerge du triptyque : situation, objet technique et agent. La manière dont elles sont perçues s'enracine dans l'expérience et l'histoire des sujets. Pour les comprendre, il faut prendre l'ensemble de leurs pratiques sociales et pas seulement l'usage qui se focalise sur la relation de l'objet et du sujet.

Le cas d'un vendeur de voitures d'occasion en donne une idée précise. C'est celui d'une personne rencontrée lors d'un trajet BlaBlaCar. Un homme d'une quarantaine d'années nous raconte son histoire. Après un CAP d'électricien, sans goût pour les études, il s'est engagé dans une vie de petits boulots, jusqu'à découvrir des talents de commerçant, en gérant par hasard un relais presse. Passionné de voitures, il s'était mis à en acheter et à les revendre pour compléter ses revenus, trouvant un marché fructueux. Installé dans l'est de la France, c'est en Espagne et au Portugal qu'il revend de belles berlines dont il a refait la mécanique et la carrosserie. D'essai en essai, c'est sur Leboncoin qu'il a découvert le bon support pour réaliser les transactions aussi bien pour acheter, que pour vendre. Le digital l'a décidé à ne plus faire que cela, et d'en faire son revenu principal. Le service qu'il apporte à ses clients n'est pas qu'administratif, il est logistique et il s'occupe de convoyer les véhicules lui-même plusieurs fois par mois. Sa découverte de BlaBlaCar a été cruciale pour réduire ses frais de transport, sans compter que les longues heures de conduite la nuit peuvent être ainsi agrémentées de compagnie. Notre bonhomme est sociable. La route, ou plutôt l'autoroute, recèle un risque sérieux de pertes de points avec les radars, et c'est tout naturellement qu'il nous explique son usage du détecteur de radars Coyote, et le sentiment d'appartenance à une sorte de ligue de la nuit. C'est toute une activité professionnelle qui s'est ainsi organisée progressivement en intégrant des plateformes complémentaires dans une écologie toute personnelle.

C'est un cas singulier et sans doute marginal dont certains feraient l'emblème d'une société de *freelancers* et des opportunités qui leur sont offertes. Il faut en tirer un enseignement plus modeste. Les sujets sont libres face aux techniques. Ils les combinent, les associent, les arrangent, les bricolent, à leur manière, dans leur intérêt, avec les contraintes matérielles qu'ils subissent, leurs compétences, leurs valeurs et leur personnalité. C'est une idée ancienne et on ne peut s'empêcher de citer le vénérable Michel de Certeau[118]. Même s'il se soumet à la rigueur du fait social, le sujet a assez de liberté pour trouver plus d'une réponse à sa pression.

Une échelle d'analyse plus collective est possible. La thématique plus générale de la résistance à la consommation[119] en fournit l'illustration. Sans même se coordonner en groupes structurés, par les vertus des réseaux sociaux, on voit émerger des mouvements de boycott, des syndicats 2.0 embryonnaires, sans compter les formes d'activisme du type Anonymous, ou une industrialisation de la protestation, à travers la plateforme Avaaz. L'ensemble des consommateurs amène les plateformes dans des directions qui ne sont pas toujours anticipées. Les citoyens, les consommateurs, mais aussi les travailleurs ont le pouvoir de tirer sur le collier et d'entraîner celui qui tient la laisse. On aurait tort de sous-estimer cette liberté. Le collier n'est pas forcément un accessoire masochiste.

---

118. Parmi les précurseurs d'une anthropologie matérielle, Michel de Certeau donne un éclairage lumineux de la capacité des sujets à détourner la règle en pratiquant le contournement, la dérision, le braconnage, l'arrangement. *L'Invention du quotidien, 1. : Arts de faire et 2. : Habiter, cuisiner*, édition établie et présentée par Luce Giard, Gallimard, 1990.

119. Voir les travaux de Dominique Roux et *al.*, *Marketing et résistance(s) des consommateurs*, Economica, 2009.

– VI –

Vivre avec les plateformes

Le droit d'hospitalité est aussi ancien que la famille et la race humaine, nulle tribu, nulle horde si sauvage qu'elle soit ne conçoit qu'il soit possible de livrer son hôte. »

Alfred de Vigny, *Journal d'un poète*, 1867

À l'utopie enthousiaste de l'économie du partage semble succéder une désillusion. On découvre que l'avantage procuré au consommateur se fait au prix de la perturbation des équilibres de marché, d'une fragilisation de l'emploi, de l'accroissement des inégalités, d'une remise en cause des modes de consommation. Les conflits sociaux sont déjà là, parfois violents, comme dans le cas d'Uber. Dans l'opinion publique, l'image oscille entre le bon plan bio et bobo et le spectre de la précarisation, le génie digital et l'abomination des nouvelles dominations.

Les gagnants sont les investisseurs de ces plateformes. Les 17 milliards investis dans les licornes représentent aujourd'hui une valeur financière de 73 milliards de dollars. D'autres gagnants sont les consommateurs qui en tirent des avantages conséquents en termes de prix, de réduction d'efforts, de commodité. Surtout pour ceux qui ont les moyens de consommer. C'est la classe moyenne supérieure qui en est la principale bénéficiaire. Les possesseurs de biens rentabilisent leurs logements inoccupés alors que les locataires n'en ont pas le droit ; les propriétaires de voiture réduisent les frais d'utilisation, les internautes jouissent d'information sans la payer. Les perdants se trouvent dans les secteurs traditionnels dont les plateformes rognent les parts de marchés et les marges.

Les consommateurs, au moins les plus aisés d'entre eux, font la guerre aux travailleurs, parmi lesquels ceux qui ont perdu leur emploi trouvent une issue au chômage dans le travail indépendant à 5 euros de l'heure. En effet, le moteur de l'économie collaborative réside dans l'appétit de consommation et la recherche de meilleurs prix. S'appuyant sur la fragmentation du travail et la préférence pour le travail indépendant, les solutions offertes par les plateformes font baisser le prix payé de l'heure. L'économie des plateformes donne l'occasion de réfléchir à une société de la consommation où, dans le cas de la France, 60 millions de consommateurs s'opposeraient à 25 millions de salariés et à 3 millions de travailleurs indépendants. Cette manière de représenter les choses reflète plus l'anxiété des acteurs qu'une image fidèle de la réalité.

Le problème posé par les plateformes réside dans la nature nouvelle de ces organisations. Elles se distinguent d'abord par leur échelle, qui est la condition de leur existence. Leur puissance s'exprime par la taille de la population de leurs utilisateurs et par leur capacité à mobiliser des millions de contributeurs. Le point de contact avec les plateformes est abstrait, concrétisé par une application. Elles sont les esprits dans les nuages qui règlent notre « ici et maintenant » : la pizza que l'on commande, l'hébergement que l'on déniche, le VTC que l'on appelle. Comment intégrer les plateformes dans notre société ? Jusqu'à quel point la société doit-elle se transformer pour leur donner une juste place ?

Elles peuvent paraître monstrueuses, promettant l'extraordinaire dans l'immédiat. Leur magie est la promesse de réaliser nos désirs sans avoir à fournir d'efforts. Elles font peser la menace sourde de rebattre les cartes, de recomposer les groupes sociaux et les avantages auxquels ils prétendent. C'est le cas des taxis, de l'artisanat, des entrepreneurs, mais aussi des consommateurs. Elles redéfinissent les habitudes les plus triviales : faire ses courses, payer ses impôts, voyager, sortir et se divertir, échanger avec ses proches, poursuivre des carrières, etc. Elles sapent les institutions, ouvrent les portes aux barbares. Et non ! Les barbares sont l'illusion de cerveaux inquiets et cyniques[120]. La métaphore d'une fin d'empire est bien trop apocalyptique. Elle entretient une fumeuse sensibilité au principe de la singularité technologique, un penchant coupable pour le transhumain[121].

---

120. C'est à Nicolas Colin, l'auteur avec Nicolas Verdier de *L'Âge de la multitude*, Armand Colin, 2012, que l'on doit l'expression reprise par de nombreux chefs d'entreprises. Une expression ingénument cynique.

121. Le transhumanisme est une idéologie de la métamorphose de l'homme par la technique, une métempsychose avec, littéralement, la migration des âmes du corps à la machine ; le rêve de faire une copie digitale de notre esprit, s'oppose à un humanisme technique, tel que celui de Gilbert Simondon, qui considère que l'homme complet c'est l'homme technique, celui qui marie le silex et le silicium.

Préférons à cette métaphore, le mythe de la créature de Frankenstein. Les plateformes ne viennent ni de Mars ni de Venus, mais de la Terre et, plus particulièrement, de ses lieux les plus urbanisés. Elles sont le produit des universités, du capital-risque, d'un imaginaire déjanté qui échappe aux communautés pour triompher parmi les humains.

À la manière de la créature de Frankenstein, l'hubris de la science rencontre les désirs sociaux et, d'essai en essai, fait émerger des entités qui peuvent se reproduire et se perpétuer. La créature, assemblage de tissus morts, animée par l'étincelle électrique, revendique aussi d'apprendre et d'être aimer. C'est par dépit qu'elle s'enfuit, enfant surnaturel qu'un père n'a pas aimé. La monstruosité des plateformes est de cet ordre ; on peut craindre que les bourgeois prudents se transforment en bêtes féroces qui traquent toutes choses qui contestent leur ordre paresseux, et tentent de le maintenir à force d'ordonnances et d'interdictions.

Même incompréhensibles, même imprévisibles, il y a assez de bénéfices apportés par ces formes étrangères et nouvelles, pour simplement se demander comment les accueillir. Le consommateur en voit clairement les avantages, il aimerait être certain qu'en jouir n'entraîne aucun autre dommage.

Comment s'accommoder à ce nouvel environnement ? Comment l'apprivoiser, faire en sorte qu'il présente un visage merveilleux, à l'image des licornes ou des gazelles ? Le bestiaire des Gafanatu[122] peut vivre en concorde avec les humains pourvu

122. Une extension de l'acronyme Gafa (Google, Apple, Facebook, Amazon) à Netflix, Airbnb, Tesla et Uber.

que nous lui fassions bon accueil, lui imposions la responsabilité de rendre compte de ses effets, que nous donnions aux humains les capacités suffisantes pour les apprivoiser. Comment vivre avec ces monstres moulés dans le sable numérique et le vortex des foules ? Une partie de la réponse tient dans quelques principes généraux :

1) Accueillir les plateformes et leurs technologies, expérimenter l'innovation sociale ;

2) Leur confier une part de soi leur donne une responsabilité : celle de rendre compte ;

3) Encourager les formes les plus distribuées, maintenir l'équilibre de pouvoir ;

4) Repenser l'activité domestique, le travail et le revenu : moins de consommation, plus de contribution ;

5) Imaginer comment partager justement la valeur qu'elles créent et le pouvoir qu'elles exercent.

1— Une politique de l'hospitalité

Claudio Ciborra[123] propose le principe de l'hospitalité, une institution de la relation à l'étranger qui fait écho au projet Gilbert Simondon, la technique comme culture. La doctrine managériale la plus commune à l'égard de la gestion des systèmes d'information se résume dans l'idée de rechercher l'adéquation entre la technologie, la stratégie et l'organisation, et d'opérer un

123. Claudio U. Ciborra, « Hospitality and IT », *in* Fredrik Ljunberg (dir.), *Informatics in the Next Millennium*, Studentlitteratur, 1999.

co-alignement de ces éléments[124]. Elle implique que l'on puisse contrôler parfaitement les caractéristiques de la technologie et présume de pouvoir en modeler le caractère pour l'ajuster à la situation. Il faudrait pouvoir connaître à l'avance l'ensemble des effets de la technologie, en supposer une sorte de neutralité, au moins une indifférence rationnelle. Ce n'est pas le cas.

Claudio Ciborra relève que ce contrôle est vain, les technologies ne sont pas aussi prévisibles qu'on le croit, et encore moins leurs effets. À travers le temps et les sociétés, l'institution d'hospitalité permet de gagner du temps lorsqu'on ignore les intentions, la personnalité de l'étranger qu'on accueille – lequel pouvant d'ailleurs être aussi bien amical qu'hostile et doit donc se soumettre aux règles de l'hospitalité. De manière ironique, la notion d'hospitalité est une réponse au fait d'affubler les plateformes du sobriquet de « barbares ». Dans ce langage guerrier, c'est un appel au combat qui, en minorant l'ennemi, jette les bases de la défaite. Désigner un autre que soi-même par une catégorie infra-humaine[125], c'est en nier l'intelligence, s'aveugler sur ses buts, en mésestimer la puissance.

Le rôle essentiel des rituels et des règles de l'hospitalité permet une découverte codifiée des intentions d'autrui et, plus généralement de mieux le connaître. L'hospitalité décrit le phénomène par lequel on traite les nouvelles technologies comme

124. John, C. Henderson, Nirmala Venkatraman, « Strategic Alignment: Leveraging Information Technology for transforming Organizations », *IBM Systems Journal*, vol. 32, 1993.

125. L'expression d'infra-humaine vient de la psychologie sociale qui s'intéresse aux relations entre les groupes et montre que de manière systématique lorsque leur relation est agonistique, ils tendent à nier la nature humaine de l'autre groupe en la désignant sous des termes animaux : les rats, les cancrelats, les barbares...

un étranger ambigu. L'hospitalité est une institution humaine relative à comment recevoir, adopter, gérer les frontières entre ce que ou ce qui est connu et ce qui est inconnu, c'est une première étape dans l'accueil de l'autre.

La figure du monstre (ou celle du barbare) décrit assez mal les plateformes parce qu'en donnant de l'étrangeté aux plateformes et aux technologies qui les habitent, nous nourrissons le fantasme de leur extériorité. Elles comportent une part importante d'humanité, d'utopies sociales et libertaires, même si leur détermination interne (la configuration des mécanismes économiques qui les constituent et que permettent les technologies) leur procure une autonomie. Pour que la technique – ce pont qui va de l'esprit au réel – ne soit pas étrangère, il est nécessaire de la connaître en profondeur et de mieux découvrir ses effets réels et souvent inattendus.

La connaissance technique tient moins du mythe de Prométhée qu'à celui de son frère, le titan Épiméthée. L'humain est incomplet sans la technique. Le corps et la machine sont comme les deux visages de Janus. Concilier, réconcilier ces deux faces suggère le projet simondien de réhabilitation de la culture technique, mise sur un même plan de valeur que l'esthétique ou la philosophie.

Construire un monde hospitalier pour les plateformes, c'est élaborer un univers où la machine est visible, éviter qu'elle se dissimule sous une carrosserie, qu'elle soit enfouie dans les murs. Elle doit pouvoir être bricolée (*hacking*). L'hôte devient hostile quand il se drape dans ses secrets et laisse planer le doute sur ses intentions. Pour rendre apparent, il faut éclairer, et c'est justement le rôle de la culture technique. Célébrons la technophanie[126]. Si l'enseignement du code est important, ce n'est pas suffisant. La culture technique mérite ses musées ; ils sont rares. Le regard critique des universitaires est aussi indispensable et des instituts d'études digitales sont bienvenus pourvu qu'ils soient véritablement multidisciplinaires et associent ingénieurs, sociologues, mathématiciens, informaticiens, philosophes, géographes, gestionnaires, anthropologues, juristes, etc.

2— Ouvrir la boîte noire

Enlever les voiles posés sur la technique se concrétise par l'exigence de transparence et par la nécessité de rendre des comptes. Frank Pasquale[127] insiste sur la nécessité d'ouvrir les boîtes noires de la société des algorithmes, et l'urgence de militer pour une société intelligible, dans laquelle les citoyens peuvent comprendre précisément comment les plateformes traitent leurs données et abreuvent les millions de décisions prises par les machines.

Dans le régime de gouvernance actuel, les êtres humains sont condamnés à se dévoiler toujours plus, alors que les entreprises sont largement protégées par la confidentialité des affaires. Inverser ce mouvement est indispensable dans une politique qui préserve la vie privée. L'obligation de transparence s'impose aux organisations, le secret est le privilège du citoyen.

126. La technophanie est la création de la dualité de la fonctionnalité et des valeurs culturelles de l'objet, elle se traduit matériellement par la capacité des humains à la régler et à l'ajuster, et esthétiquement par la visibilité de son fonctionnement.

127. Frank Pasquale, *Black Box Society*, FYP éditions, 2015.

La force des plateformes, nouvelle puissance de coordination, s'appuie autant sur le calcul, souvent élémentaire, que sur l'accessibilité pour la foule des informations mises en formes. Parce qu'il n'est pas complètement contrôlé, ce pouvoir fait peser des risques. Une contrepartie est alors indispensable : rendre compte de ce qui est socialement produit à partir de ces données et de leurs calculs. La responsabilité algorithmique, ou « redevabilité », devient un droit fondamental qui tient dans deux éléments.

Le premier concerne l'information publique. Les plateformes et leurs algorithmes qui produisent des externalités négatives et positives pour la société doivent en rendre compte dans les publications obligatoires, telles que les rapports financiers, comme le font le bilan carbone ou les procédures d'autorisation de mise sur le marché des médicaments. Dans le premier cas, il s'agit d'évaluer et de publier le volume des émissions carbone, y compris dans les rapports annuels. Dans le second, l'enjeu est l'évaluation de balance entre l'efficacité thérapeutique et le risque d'effets secondaires d'un médicament.

Cette évaluation se prête à un calcul économique. Remarquons qu'en France, par le biais de la fiscalité, la taxe de séjour pour les plateformes d'hébergements va dans cette direction. Encore faudrait-il que ces données puissent être rendues publiques avec un certain degré de finesse dans leur agrégation. Rendre les algorithmes redevables devrait se traduire en droit par une obligation de transparence qui porte non pas tant sur le détail de leur paramétrage que sur leur principe, leur fiabilité et leurs effets secondaires. Les algorithmes doivent rendre compte à la société, grâce à l'analyse des experts, des journalistes et universitaires, des groupes de pression, des syndicats, etc. Sans doute devrait-on aussi imposer aux plateformes une obligation de publication des statistiques d'évolution des activités de leur population. Le devoir de rendre compte est le préalable à la contestabilité.

Le second élément de la redevabilité se situe sur un plan plus individuel. C'est le principe de réciprocité. Assurer les consommateurs de l'intégrité de leurs données, y compris par l'engagement de ne les confier à aucun tiers sans autorisation, ne garantit pas l'acceptation par les consommateurs du traitement des données et des actions qui en découlent : ciblage, personnalisation, notification, messages. Même bien ciblée – au moins en termes de taux de clics, comme le fait le reciblage publicitaire –, la publicité intrusive reste une contrariété par les irritations qu'elle provoque : écran bloqué, *pop-up* insistants, boîte aux lettres encombrée. En revanche, lorsque le contenu est pertinent, qu'il vient d'une source crédible, qu'il est contrôlable, il est parfaitement accepté par les consommateurs.

Le dévoilement de soi et l'acceptation de messages non sollicités sont associés au contrat implicite qui nous lie à la marque, un contrat moral qui s'engage dans une logique de réciprocité étendue aux données. Ce principe invite à restituer les données aux utilisateurs de manière intelligente. Il s'agit de donner les moyens aux consommateurs de contrôler leurs données avec des instruments qui leur permettent de définir réellement les paramètres de confidentialité des applications, et avec un retour intelligible sous la forme de tableaux de bord et de récapitulatifs d'activités. Les entreprises peuvent tirer de ces initiatives un avantage important en termes de légitimité auprès de leurs clients.

Quelles qu'en soient les modalités, rendre des comptes à la société et aux utilisateurs est la garantie de la légitimité des entreprises, et d'un débat serein sur les effets perturbateurs des plateformes sur les marchés et leurs institutions. Lorsqu'Uber est accusé de position dominante, il est indispensable que l'on sache exactement quelle est la réalité. À New York, la publication des données par l'autorité de régulation des taxis révèle que l'entreprise est bien loin d'une situation de position dominante. De même, pour Airbnb, une publication de données fines, au niveau du quartier, permettrait de mieux apprécier les effets sur le marché locatif, considérés comme pouvant être dévastateurs dans certaines villes.

3– Souveraineté distribuée

Le réflexe protectionniste, fruit de la frilosité et de l'incompréhension, conduit à prendre des postures nationales et à réglementer parfois de manière trop précoce. L'expression évocatrice de souveraineté numérique est mobilisatrice[128], mais masque souvent la faiblesse des politiques publiques des États qui veulent se protéger, ou les défauts de l'innovation économique.

Les Gafa, ces entreprises américaines qui structurent l'Internet, imposent leur loi, ne serait-ce que dans la désignation des Cours de justice. À l'horizon 2018, la Commission européenne va instaurer un règlement unique en Europe sur les données, avec la réaffirmation de l'*opt-in*. L'enjeu des relations

128. Pierre Belanger, le patron de Skyrock, s'en est fait l'avocat avec son ouvrage éponyme, *La souveraineté numérique*, Stock, 2014.

internationales pose la question de la gouvernance de l'Internet. Elle confronte des points de vue antagonistes quant à la liberté d'information et à la surveillance exercée par les gouvernements. La structure de la gouvernance de l'Internet ne mettra cependant pas un terme à l'hégémonie américaine. Il vaudrait mieux s'interroger sur les conditions économiques et administratives, qui empêchent les start-ups européennes d'atteindre plus vite que leurs homologues outre-Atlantique la taille critique nécessaire à leur développement et à leur survie. C'est à l'échelle européenne que la question cruciale du financement doit sans doute être traitée. En examinant les montants des collectes de fonds de la Silicon Valley, on s'aperçoit rapidement que leur ordre de grandeur est de plusieurs centaines de millions d'euros, niveau qui est rarement atteint en Europe. Les start-ups européennes, dès lors qu'elles ont fait la preuve de leur concept, doivent pouvoir bénéficier rapidement des capitaux nécessaires à leur internationalisation, à travers le système bancaire, les fonds d'investissement souverains, l'encouragement du capital-risque, etc.

L'évolution de la structure de l'Internet s'éloigne du projet initial de décentralisation et d'auto-organisation. Le monde des plateformes reflète cette tendance qui va dans le sens d'une extrême centralisation. Si les États en ont difficilement le contrôle, leurs utilisateurs l'ont complètement perdu. La question de la souveraineté est celle de la dépossession des données personnelles et de la maîtrise des calculs.

Le mouvement de centralisation aboutit à la solution du *cloud* qui réinvente à certains égards le modèle informatique des *mainframes* du XXe siècle. Certains peuvent y voir une régression technique. Dans ce modèle, la puissance de calcul et de mémoire est concentrée dans des unités centralisées (les fermes de serveurs), alors que le *personal computer* visait justement à l'autonomie en déplaçant le calcul vers les terminaux. Pourquoi calculer, à partir d'une plateforme localisée en Alaska, le nombre de pas moyen quotidien, quand il peut être effectué de manière moins coûteuse en énergie en intégrant directement les données du capteur dans une application hébergée sur notre disque dur ?

Airbnb gère l'ensemble de son système d'information chez Amazon Web Services. On en comprend la raison économique. Dans un tel modèle, les coûts fixes deviennent des coûts variables que l'on répercute au client final, consommant moins de capital et encourageant la concentration. En Europe, le niveau de protection des données personnelles s'appuie sur un droit de contrôle et de rectification et s'étend à la portabilité. C'est un socle minimal, qui est inefficace si les internautes n'ont pas les compétences nécessaires, le minimum de littératie digitale, pour exercer ce contrôle. La capacitation des sujets est le pendant du droit. L'utopie de l'autonomie s'incarne dans le projet du VRM[129] dont l'objectif est d'inverser la gestion de la relation client en donnant l'initiative et le contrôle à ce dernier. Les bloqueurs de publicités et les anti-spams en sont devenus la réalisation la plus spectaculaire. La souveraineté ne tient pas dans la capacité des États à imposer leur volonté, mais dans celle des sujets à œuvrer pour que l'État défende la leur.

129. Doc Searle a créé le « ProjectVRM » au Berkman Center for Internet and Society à l'université d'Harvard.

Il n'est pas très important d'avoir un système d'exploitation (OS) national, mais il est capital que les OS respectent les règles que les citoyens souhaitent leur imposer. L'alternative prend racine dans les choix technologiques. Le logiciel libre est une piste. L'État peut donner l'exemple en l'utilisant systématiquement dans ses propres infrastructures. Le libre est extraterritorial. C'est un moyen d'échapper à la domination des grandes plateformes, si la loi est dans le code[130]. Une seconde option réside dans les technologies, telles que celles développées par Cosy ou par la Fing[131], qui laissent entrevoir un autre modèle technique que celui qui triomphe actuellement. Cette alternative s'appuie sur le concept de *clouds* personnels qui délivrent les données selon les besoins, pour des périodes et des usages déterminés, de manière contrôlée par les utilisateurs. Ces techniques existent déjà, l'enjeu est plutôt celui de leur déploiement. Elles correspondent à un univers juridique européen qui limite le rapprochement entre les bases de données, et incite les entreprises à adopter une approche sélective dans l'interaction des API, par des mécanismes d'autorisation préalable et de certification encouragés par le principe de l'*opt-in*. Ces options technologiques vont dans le sens d'un modèle distribué de l'information, qui préserve la liberté et la protection des individus. Son encouragement peut potentiellement ouvrir la voie à un modèle original et européen.

---

130. Pour reprendre citer Lawrence Lessig : « Code is Law, On Liberty in Cyberspace », *Harvard Magazine*, janvier 2000.

131. La Fing (Fondation internet nouvelle génération) développe autour de la notion de *self data* des expérimentations de ces technologies avec de grandes entreprises.

4— Le consommateur est un travailleur comme les autres

Les plateformes révèlent que le consommateur est un travailleur comme les autres. En mobilisant cette force de travail et une part de leurs actifs, les plateformes créent de la valeur. C'est une des sources de risque de déformation du marché du travail. « Consommacteur », « produmer », « prosumer », etc., depuis plus de cinquante ans, dans le champ du marketing on rappelle que le producteur est le consommateur lui-même. C'est une stratégie d'enrôlement pour diminuer la charge pesant sur l'entreprise, elle se déguise par une sorte de mauvaise conscience derrière l'idéologie de la consommation participative. Le travail de la consommation a un double effet : celui qui est utile pour lui-même, et celui qui est utile pour l'ensemble de la société. Le tri sélectif, par exemple, en obligeant le consommateur à participer au recyclage, lui donne la satisfaction d'être un consommateur responsable et contribue au bien-être environnemental.

Avec les plateformes, un aspect nouveau apparaît : le travail de la consommation devient mesurable et cette mesure permet de capter sa valeur. Dès lors, se pose un problème de partage de cette valeur, celui de la répartition entre salaires et dividendes. Quelle part va au capital et laquelle va au travail dans un contexte où le premier a pris l'ascendant sur le second ? Avec les plateformes, une part de richesse vient du travail de la consommation, mais aussi des actifs du consommateur (maison, voiture et autres biens) sans autre compensation que la discrétion de l'usage des services de la plateforme. À la captation de valeur s'ajoute un glissement de l'activité économique de l'univers formel mesuré par l'Insee et les services fiscaux soumis aux règles du droit vers une économie domestique invisible. Ce déplacement affecte mécaniquement l'économie formelle en la contractant. En augmentant la productivité des consommateurs, les plateformes facilitent la production domestique.

Le changement des formes de statut de l'emploi, du salariat vers le travail indépendant, est une question lancinante. Ce mouvement est-il réel ? On doit distinguer travail et emploi. Ce que le digital apporte au travail relève d'abord de ses conditions : le degré d'assistance des machines, la définition du moment et de son lieu d'exercice. Cela n'a pas forcément d'incidence sur l'emploi, mais met en cause les méthodes de management.

L'emploi est défini par la forme des contrats : salariat ou statut d'indépendant. Même si les médias s'interrogent sur le travail sous l'angle de la disparition du salariat et parfois célèbre un retour à la pureté du marché où chacun est son propre entrepreneur, la réalité statistique montre que le nombre d'emplois salariés n'a que fait croître, excepté depuis 2007 où il est stationnaire. Tandis que le nombre d'emplois d'indépendants, en dépit de la création du statut d'autoentrepreneur en 2009, s'est contracté de 20 % depuis 1990[132]. Les indépendants ne font pas recette, sauf dans le secteur non marchand (services à la personne, conseil en management, etc.). En revanche, le phénomène nouveau est celui des cumuls d'emplois, motivés vraisemblablement par la recherche de revenus complémentaires que les salaires ne permettent plus d'obtenir. Les plateformes

132. L'emploi non salarié passe de 3,088 millions en 1989, à 2,819 en 2014. Seuls les secteurs tertiaires enregistrent une augmentation, la plus forte est pour le tertiaire non marchand qui passe de 336 000 à 495 000 en 2014.

affectent la distribution des revenus davantage que la transformation de l'emploi.

L'activité contributive à la production de services (*via* les plateformes) met sur le même plan la force de travail salariée et professionnalisée, celle dévalorisée de l'activité domestique et celle bénévole des amateurs passionnés. Cela pose deux problèmes. Le premier est une mise en concurrence où le système des indépendants peut faire baisser les prix du travail de manière indécente. Le second est relatif à la distribution des revenus produits par cette économie.

Quant au statut, le choix réside dans le passage d'une structure binaire de l'emploi (salariés *vs* indépendants) vers une solution graduelle qui multiplierait les statuts, ou vers une solution ternaire qui donnerait un statut aux activités domestiques rémunératrices. Une idée simple est de plafonner et de soustraire les revenus à tout autre prélèvement qu'un fonds pour l'emploi, en reconnaissant que le consommateur est un travailleur comme les autres.

Réguler ne signifie pas interdire, contraindre, limiter. C'est aussi donner des droits. Dans les pratiques de location de logement apparaît par exemple une inégalité dans les opportunités d'obtenir un revenu accessoire, car le propriétaire est libre alors que le locataire n'a pas le droit de sous-louer sauf si le propriétaire l'autorise. C'est la raison pour laquelle à Paris, les bailleurs sociaux ont expulsé plusieurs locataires. Retirer un revenu d'un logement subventionné est peu acceptable, mais il faut aussi tenir compte que ce sont justement les plus modestes qui ont besoin de revenus complémentaires. La réglementation pourrait autoriser les locataires les plus défavorisés à louer leur logement quelques jours par an, quand ils ne l'occupent pas, jusqu'à un certain plafond de revenu, en reversant une quotité au propriétaire.

5— Le partage de la valeur et du pouvoir

Les plateformes sont des formes d'organisation et de coordination des activités dont nous avons vu la puissance, mais aussi les faiblesses. Une puissance que l'on peut analyser au travers des apports de l'économie, une faiblesse qui provient de la délégation aux machines du soin de coordonner nos relations sociales et des effets inattendus et déstabilisants qui en résultent. Pour y parer, la solution se trouve dans des politiques de transparence et d'ouverture des boîtes noires, couplées à la capacitation de leurs utilisateurs. Cette politique assure que l'influence exercée par les plateformes pour notre bien n'est ni arbitraire ni abusive. Cependant, cela n'écarte pas le reproche, de plus en plus véhément, de l'appropriation par les plateformes et leurs propriétaires de la valeur créée par le travail des utilisateurs. C'est ce qui motive le mouvement récent du coopérativisme de plateformes[133], qui envisage des solutions destinées à retrouver la véritable signification du partage et de la coopération. Mais sa faiblesse est celle propre au mouvement coopératif. Ses modalités concrètes lui donnent une très faible capacité d'attraction des capitaux nécessaires pour passer à l'échelle,

133. Trebor Scholz, « Platform Cooperativism vs. the Sharing Economy », Medium.com, 5 décembre 2014.

condamnant les formes authentiques de l'économie collaborative à demeurer des organisations locales et marginales. Le modèle assure à chaque contributeur, chaque travailleur, une prise sur les décisions au titre du principe « un homme, une voix », mais empêche toute possibilité de croissance rapide. Même dans le secteur privé la difficulté majeure des jeunes pousses reste l'accès au capital.

La vieille idée européenne incarnée dans la notion de codétermination peut être un remède à cette situation. C'est le principe de cogestion pratiqué en Allemagne, où les administrateurs sont désignés par les salariés. Cette pratique pourrait être généralisée à d'autres parties prenantes. Dans le cas des plateformes collaboratives, les utilisateurs proviendraient des différents versants du marché de la plateforme. Olivier Favereau[134] exprime l'idée selon laquelle les entreprises ne sont pas la propriété des actionnaires, car ils ne sont propriétaires que des titres. L'entreprise est plus qu'un nœud de contrat et elle doit être gouvernée avec la participation des parties prenantes. Dans le monde des plateformes où la valeur provient principalement de l'usage des données, ce principe est particulièrement pertinent.

Il n'y a pas de droit de propriété sur les données. Les plateformes ne font que les emprunter. Les données sont construites dans l'intersection de la mesure et de l'action, de manière intriquée. Elles sont l'écume de nos activités comme le savon dans le bain. Qui peut être propriétaire de la mousse ? Celui qui a versé le savon ou celui qui a agité l'eau ?

134 . Olivier Favereau, *Entreprises : La grande déformation*, Parole et Silence, 2014.

Pour éviter que le gouvernement des plateformes soit autocratique, comme il le devient, des dispositions qui facilitent l'entrée des clients à leur conseil d'administration doivent être encouragées. Rappelons que Mark Zuckerberg, qui a promis de confier 99 % de sa fortune à une fondation destinée à l'amélioration du bien commun, vient de réussir – grâce à la création d'une nouvelle classe d'action sans droit de vote – la prouesse de conserver le contrôle de sa plateforme en possédant moins de 1 % du capital. C'est le modèle à éviter. Nous sommes assurément dans l'expression la plus raffinée du capitalisme sans capital.

Annuaire

Academia.edu (recherche académique). Un réseau social académique qui enregistre 21 millions d'inscrits, États-Unis, 2008.

Activision Blizzard (games). Groupe de conception et de gestion de jeux vidéo, vient de racheter King, États-Unis, 2001.

Airbnb (hébergement). Le leader mondial du partage d'appartements offre désormais plus de lits que les grandes chaînes d'hôtels intégrées, près de 1,5 million, États-Unis, 2008.

Alibaba (marketplace). La plateforme du B2B. Elle réalise un chiffre d'affaires de 55 milliards et induit un volume d'affaire de l'ordre de 550 milliards, soit plus que le premier distributeur au monde, Walmart, Chine, 1999.

Alloresto (transport). Compte 2 900 partenaires et livre 65 millions de repas, France, 1998.

Amazon (marketplace). 200 millions de clients, 2 millions de vendeurs, une valorisation de 300 milliards, États-Unis, 1999.

Amazon Home Service (job). Fraîchement lancée en août 2015, cette nouvelle plateforme met en relation demandeurs et offreurs de services domestiques, du bricolage aux cours particuliers, États-Unis, 2015.

Amazon Mechanical Turk (job) c'est une plateforme de microtâches, États-Unis, 2011.

Amazon Web Services (services). Fournit des services en ligne à d'autres sites internet ou applications clients, États-Unis, 2006.

Ashley Addison (dating). Le site s'est fait connaître par le piratage d'un grand nombre de ses comptes, États-Unis, 2005.

ASOS (marketplace). La place de marché du vêtement pour les jeunes anglais, Royaume-Uni, 2000.

Autolib' (transport). Location de véhicules électriques urbains à accès automatique, France, 2007.

Avaaz (cyberactivisme). Plateforme de pétitions et de protestations collectives, États-Unis, 2007.

B&You (telecom). Marque *low cost* de Bouygues, elle a innové avec la mise en place d'un service après-vente collaboratif (conseil entre clients), France, 2007.

BlaBlaCar (transport). Plateforme de covoiturage, première licorne française qui, après avoir levé au total plus de 400 millions d'euros, est en voie d'internationalisation, France, 2006.

Booking (hébergement). Plateforme de réservation hôtelière d'origine hollandaise, rachetée par le groupe Priceline, qui réalise près de 350 millions de réservations par an, offrant plus de 700 000 hôtels dans le monde, États-Unis, 1996.

Click & Boat (hébergement). Un des prétendants au titre de l'Airbnb des bateaux et de la voile, France, 2013.

Companisto (crowdfunding). Rassemble près de 50 000 investisseurs et détient le record européen du financement le plus élevé avec un montant de 75 millions, Allemagne, 2012.

Cookening (collaboratif). Mise en relation et partage de repas, France, 2013.

Costockage (logistique). Plateforme de garde-meubles et stockage partagé, France, 2012.

Couchsurfing (hébergement). D'abord organisation non lucrative, en 2001 devient une plateforme commerciale dont le revenu est procuré par la vérification des contacts, 9 millions de membres, États-Unis, 2004.

Coyote (collaboratif). Plateforme collaborative de signalement de radars et d'obstacles routiers s'appuyant sur un terminal GPS spécifique. Elle compte près de 4 millions d'utilisateurs, France, 2006.

Cozy.io (services). Start-up développant une plateforme de cloud personnel, France, 2012.

Deezer (streaming). Plateforme de streaming musical qui touche près de 7 millions d'abonnés ; son principal actionnaire est Orange, France, 2007.

Deliveroo (logistique). Spécialiste de la livraison à domicile avec une flotte de vélo, Royaume-Uni, 2013.

Delivery Hero (logistique). Opère dans 21 pays avec 75 000 restaurants et dispose de 14 milliards de dollars de levée de fonds, Allemagne, 2011.

Diaspora (réseau social). Un modèle alternatif décentralisé, géré sous la forme d'une fondation ; le décès d'un de ses fondateurs en a inhibé la croissance, États-Unis, 2011.

Didi Chuxing (marketplace). Le redoutable concurrent chinois de Uber qui vaut 20 milliards de dollars et détient 55 % du marché, Chine, 2012.

Discog (marketplace). C'est avant tout une place de marché pour le vinyle et les enregistrements musicaux avec plus de 7 millions de titres et 4 millions d'artistes et 300 000 contributeurs, États-Unis, 2004.

Drivy (transport). Plateforme de location de véhicules entre particuliers en train de passer à l'échelle supérieure, France, 2010.

Dropbox (contenus). Site de partage de fichiers en ligne, États-Unis, 2008.

eBay (marketplace). Le pionnier des marketplaces et de la vente aux enchères électroniques, États-Unis, 1995.

Etsy (marketplace). Relie les amateurs de curiosités et d'objets artisanaux ou artistiques uniques, tels que bijoux, vêtements, décorations, États-Unis, 2005.

Facebook (réseau social). La référence des réseaux sociaux avec plus de 2 milliards de membres, 8 milliards de dollars de chiffre d'affaires publicitaire, États-Unis, 2004.

Farftech (marketplace). 400 boutiques et une adresse, Fartech regroupe les offres de boutiques de luxe représentant jusqu'à 30 % de leur chiffre d'affaires ; très internationalisé, c'est la première licorne du segment mode, Royaume-Uni, 2007.

Feastly (collaboratif). Mise en relation et partage de repas, États-Unis, 2012.

Fitbit (santé). La marque a vendu 10 millions de trackers et compte 62 millions d'utilisateurs actifs et une croissance à deux chiffres, États-Unis, 2014.

Fiverr (job). Une place de marché de services pour des tâches à partir de 5 dollars, Israël, 2010.

Flattr (crowdfunding). Plateforme de collecte et de redistribution de fonds pour créateurs, Suède, 2010.

Flickr (photo). Site d'hébergement et de partage de photographie qui a été racheté par Yahoo! ; changement de modèle récent : un téraoctet gratuit par utilisateur, États-Unis, 2004.

FlightCar (transport). Un service d'échange de voiture et de parking dans les aéroports, États-Unis, 2012.

Flipkart (marketplace). Le Amazon indien, Inde, 2007.

Foursquare (réseau social). Réseau centré sur les lieux qui sont répertoriés et réputé pour son système de gamification, États-Unis, 2007.

Freelancer (job). La plateforme internationalisée compte 15 millions de membres et 10 millions d'offres annuelles, Australie, 2009.

Friendshippr (transport). Un des acteurs du *crowdshipping*, le transport de petits colis par des voyageurs particulier, Dubai, 2013.

Frizbiz (job). Financé par Leroy Merlin, la plateforme d'offre d'emplois et de services est intégrée à l'offre de Leroy Merlin, France, 2013.

GitHub (services). Plateforme de code, son *business model* s'appuie sur la commercialisation de version privée pour les grands projets de développement, a reçu 350 millions de dollars de financement, États-Unis, 2008.

Goodreads (comparateurs). Une plateforme de recensions de livres collaborative, rachetée par Amazon. Elle aurait 20 millions d'utilisateurs, États-Unis, 2006.

Google (Services). Une galaxie de plateformes fondée sur un moteur de recherche ; étendue à de multiples services, c'est la seconde capitalisation mondiale derrière Apple, États-Unis, 1999.

Grab (transport). VTC et livraison à la demande du Sud-Est asiatique soutenu par Lippo Group, un conglomérat indonésien, Singapour, 2011.

Groupon (marketplace). Modèle de social shopping et promotionnel, États-Unis, 2012.

Heetch (transport). Covoiturage nocturne sur le principe de l'auto-stop en complément des taxis et VTC. Un plafond annuel est fixé pour garantir le caractère collaboratif, France, 2015.

Indiegogo (crowdfunding). Financement participatif initialement destiné à la collecte de fonds à destination de productions cinématographiques, États-Unis, 2008.

Innocentive (crowdsourcing). Plateforme historique d'*open innovation* lancée par le laboratoire pharmaceutique Lily, États-Unis, 2006.

Instacart (e-commerce). Courses et livraison à domicile au travers de *personal shoppers*, États-Unis, 2012.

Kaggle (crowsourcing). Plateforme fondée sur les concours et centrée sur les *data sciences*. Plus de 300 000 spécialistes y contribuent. Elle a été le bac à sable de Netflix, États-Unis, 2010.

Kayak (transport). Méta-moteur de recherche d'hébergement et de transport, États-Unis, 2005.

Kickstarter (crowdfunding). Une entreprise américaine de financement participatif centrée sur les projets culturels et sociaux, États-Unis, 2009.

KissKissBankBank (crowdfunding). Plateforme de crowdfunding destiné aux projets artistiques, France, 2010.

La Ruche qui dit oui ! (marketplace). Un modèle original de circuits courts pour l'alimentaire reliant producteurs locaux et consommateurs *via* ses membres dénommés « abeilles ». Réalise 80 millions de chiffre d'affaires, France, 2011.

Leboncoin (marketplace). L'originalité d'un focus sur les marchés locaux, France, 2010.

LesFurets (comparateur). Spécialisé dans l'assurance, il capte une part de marché significative, France, 2005.

Linden Lab (réseau social). L'inventeur du monde virtuel Second Life a connu le succès en 2006 et prépare un rebond avec le développement des technologies de réalité virtuelle, États-Unis, 1999.

LinkedIn (réseau social). Réseau social professionnel en ligne, États-Unis, 2003.

LookFlow (services). Start-up spécialisée dans le *machine learning* et l'identification d'objets dans les images, rachetée par Flickr pour étoffer ses capacités de traitement d'image, États-Unis, 2010.

Lyft (transport). C'est le concurrent d'Uber qui bénéficie de 2 milliards de dollars de levée de fonds dont la moitié vient de General Motors, États-Unis, 2012.

MAIF (assurances). Une société d'assurance qui développe depuis peu un pôle collaboratif avec les start-ups Koolicar ou GuestToGuest, France, 2014.

Medium (contenus). Plateforme de blogues, jouant sur l'esthétique, États-Unis, 2015.

Meetic (rencontre). L'innovateur des plateformes de rencontre racheté par Match.com, France, 2001.

MesDépanneurs (artisanat). Start-up qui élabore une plateforme de services de dépannage avec un modèle sélectif et informatif ; investissement de 2 millions d'euros de la MAIF, France, 2014.

Microsoft (services). L'entreprise a sans doute exploité la première plateforme logicielle avec Windows, États-Unis, 1978.

Microtask (job). Distribution digitale de tâches à courte durée, Finlande, 2009.

MonkeyLearn (services). Plateforme de **machine learning** en mode Saas, **via** des API, États-Unis, 2013.

Mozilla fondation (services). Fondé sur l'héritage de Netscape, International, 2003.

M-pesa (technologie financière). Plateforme de micropaiement sur mobile, Kenya, 2007.

Mutum (collaboratif). Plateforme d'échange d'objets régulé par une monnaie interne, France, 2015.

My Major Company (crowdfunding). Rassemble plus de 400 000 contributeurs et a récolté 17 millions d'euros pour financer des projets surtout dans le domaine culturel ; s'est recentrée sur le label en 2014, France, 2007.

Napster (P2P). A popularisé le P2P pour le téléchargement ; désormais plateforme de streaming classique, États-Unis, 1999.

Netflix (vidéo). Plateforme de streaming armée d'un moteur de recommandations puissant et de contenus spécifiques, États-Unis, 2003.

Oculus Rift (vidéo). Casque de réalité virtuelle sans doute à l'origine de nouvelles plateformes, États-Unis, 2011.

OkCupid (rencontre). Plateforme de rencontre fondée sur un score de comptabilité fourni par les réponses à une batterie de questions étendues ; racheté par Match.com en 2011, États-Unis, 2003.

Ola (transport). Le Uber indien vaut 5 milliards en 2015 ; permet de réserver du rickshaw à la berline, Inde, 2010.

OpenStreetMap (données). C'est une plateforme open source de données géographiques qui concurrence sérieusement Google, Royaume-Uni, 2004.

Oscaro (marketplace). Place de marché de pièces automobiles qui indexe l'intégralité des pièces constructeurs, France, 2001.

OuiCar (transport). Née dans le giron de Zilok, la plateforme de location de véhicules entre particuliers a reçu un investissement important de la SNCF, France, 2007.

Peerby (collaboratif). Plateforme de partage d'objets qui innove par une levée de fonds participative de 2 millions en 2016 et une présence dans 26 villes européennes, Pays-Bas, 2012.

Pinterest (réseau social). Une plateforme de curation photo appréciée par la mode et les blogueurs pour ses collections de photos, États-Unis, 2010.

Powertools (services). La start-up propose aux entreprises des solutions pour travailler avec Google Drive et tirer l'avantage d'outils collaboratifs en toute sécurité, France, 2014.

ProQuest (contenu). D'abord éditeur de microfilms, le groupe est passé très tôt au digital absorbant annuellement ses concurrents, États-Unis, 1938.

Prosper (crowdfunding). Une des principales plateformes de crédit entre particuliers ; elle a cumulé près de 6 milliards d'octroi de prêts, États-Unis, 2005.

Quora (crowdsourcing). Plateforme de questions-réponses, États-Unis, 2007.

Qwant (moteur de recherches). Ce *search engine* français s'engage à ne pas faire de *tracking* ni de *profiling* ; il enregistre 8 millions de visites mensuelles, France, 2008.

Reddit (réseau social). S'est fait remarquer en 2015, suite à un mouvement social des modérateurs, États-Unis, 2005.

ResearchGate (réseau social). Le réseau social des académiques incorpore un indice de performance, Berlin, 2008.

Runkeeper (santé). L'application qui a séduit 45 millions d'utilisateurs est désormais propriété de la marque de sport Asics, États-Unis, 2008.

Sailsharing (hébergement). Navigation collaborative relie propriétaire, passagers et capitaines, France, 2013.

ScienceDirect (académique). C'est la plateforme de l'éditeur Elsevier et couvre plus de 20 000 revues, Pays-Bas, 1997.

Sculpteo (marketplace). Une plateforme d'impression 3D qui vient de passer un accord avec Staples, France, 2009.

Sen.se (objets connectés). Un modèle innovant et exploratoire de capteurs et d'une base pour développer un nombre d'apps illimité, France, 2003.

Shapeways (marketplace). Distribue des modèles d'objets pour l'impression 3D ; 150 000 modèles sont chargés chaque mois et plus de 2 millions d'objets auraient été imprimés. Près de 80 millions de dollars y ont été investis, Pays-Bas, 2007.

Shazam (services). Plateforme de reconnaissance musicale, Royaume-Uni, 1999.

Sigfox (infrastructure). Start-up d'origine toulousaine qui opère un réseau radio destiné aux objets connectés permettant de couvrir le territoire français avec un millier d'antennes de récepteurs à faible consommation, France, 2009.

Skyrock (réseau social). Initialement Skyblog, c'est le pionnier en France, 2002.

Skyscanner (comparateur). Comparateur de vols et d'hôtels, Royaume-Uni, 2001.

Slack (services). Plateforme de communication collaborative et logiciel de gestion de projets avec possibilité d'intégration d'autres outils de services en ligne, États-Unis, 2014.

SlideShare (contenus). Achetée et intégrée dans LinkedIn, la plateforme de partage de présentations est devenue un instrument de génération de clients qualifiés, États-Unis, 2008.

Snapchat (réseau social). Connaît une croissance fulgurante chez les ados ; nouveau modèle aux messages temporaires quand les autres se fondent sur l'accumulation, États-Unis, 2011.

Sony PlayStation (jeux vidéo). C'est le modèle du genre, une communauté de joueurs acharnés et occasionnels, Japon, 2000.

SoundCloud (streaming). Plateforme collaborative largement abondée par les labels et les DJ, qui développe un modèle payant pour les artistes et bientôt un service d'abonnement ; 175 millions d'auditeurs mensuels, Allemagne, 2007.

Spotify (streaming). Principal challenger du streaming, 75 millions de comptes dont 20 millions premium, Suède, 2006.

Tay (service). Agent conversationnel de Microsoft qui a été retiré au bout de 24 heures pour formulation de propos racistes au cours de son apprentissage, États-Unis, 2016.

Telegram (réseau social). Il connaît une progression fulgurante avec plus de 100 millions d'utilisateurs mensuels ; fruit de la politique de cryptage et de confidentialité des données, il a été créé par les fondateurs russes de VKontakte, Allemagne, 2013.

Tesla (transport). L'entreprise propose un concept de luxe de voiture électrique et se propose aussi comme plateforme énergétique avec le Supercharger, États-Unis, 2002.

Thumbtack (jobs). Plateforme de services à domicile de l'électricien au jardinier, des cours de math à ceux de yoga, États-Unis, 2010.

TransferWise (technologie financière). Entreprise estonienne de paiement P2P, Royaume-Uni, 2011.

TripAdvisor (comparateur). C'est devenu la plateforme de références en matière de notes et d'avis de consommateurs dans le domaine du tourisme, États-Unis, 2000.

Twitter (réseau social). Réseaux sociaux de référence qui peine cependant à se développer, États-Unis, 2006.

Uber (transport). La mieux valorisée des plateformes, à hauteur de 40 milliards, et présente dans 310 villes dans le monde dont le développement est marqué par nombreux conflits sociaux et juridiques, États-Unis, 2009.

Ubisoft (jeux). Troisième éditeur mondial de jeux vidéo, France, 1986.

Udacity (enseignement). Plateforme de *e-learning* qui a 16 millions d'inscrits en 2015, États-Unis, 2011.

Ulule (crowdfunding). Premier site de financement participatif européen. Déjà 12 800 projets financés, 15 millions d'utilisateurs, France, 2010.

Upwork (job). Anciennement O'Desk c'est le leader du marché des travailleurs indépendants, elle génèrerait, en 2015, près d'un milliard de dollars de contrats, États-Unis, 2015.

Vélib' (transport). Opéré par JCDecaux, le système de vélo partagé est l'un des plus denses au monde, 220 000 abonnés et 85 000 voyages par jour, France, 2007.

Vimeo (vidéo). Cette plateforme de contenu se focalise sur les vidéastes amateurs et professionnels offrant une meilleure qualité d'image et des services de commercialisation adaptés, États-Unis, 2004.

VKontakte (réseau social). Le Facebook russe revendique 280 millions d'utilisateurs, Russie, 2006.

Wattpad (contenus). Plateforme de fanfiction dont le modèle de revenu original s'appuie sur l'autoédition, Canada, 2008.

Waze (transport). Racheté par Google en 2013 la start-up israélienne propose un système en temps réel de navigation routière, États-Unis, 2007.

WeWork (coworking). Entreprise de services d'espace physique et virtuel de coworking et valorisé à 5 milliards, États-Unis, 2010.

WhatsApp (réseau social). Service de messagerie sociale racheté par Facebook, il touche désormais plus de 1 milliard d'utilisateurs, États-Unis, 2009.

Wikipedia (encyclopédie). Un des premiers sites du monde en termes d'audience ; soutenu par une fondation et financé par la contribution de ses utilisateurs, États-Unis, 2001.

WordPress (contenus). Plateforme de blogues, elle est devenue la référente du marché avec près de 25 % des sites web et plus de 10 millions de sites ; elle est gérée par une fondation, États-Unis, 2003.

Yandex (services). Le moteur de recherche de référence dans l'univers russophone, Russie, 1997.

Youstice (services). Système transfrontalier de règlement des litiges en ligne, Slovaquie, 2014.

YouTube (streaming). La référence en matière de vidéo au-delà du milliard d'utilisateurs ; s'appuie sur un modèle publicitaire et appartient à Google, États-Unis, 2005.

Zalando (marketplace). Dans le domaine de la chaussure puis de la mode et des accessoires, réalise 3 milliards de ventes en 2015, Allemagne, 2008.

Zillow (immobilier). Un site fondé sur le renouvellement des petites annonces immobilières, États-Unis, 2006.

Zilok (collaboratif). Plateforme de location d'objets entre particuliers qui propose 350 000 objets et autant d'utilisateurs, France, 2007.

Zipcar (transport). Racheté en 2013 par Avis c'est un des pionniers de l'autopartage, États-Unis, 2002.

Zocdoc (santé). Plateforme de prise de rendez-vous avec des médecins qui a accumulé plus de 150 millions de dollars de levée de fonds, États-Unis, 2010.

Achevé d'imprimer en mai 2016.
Imprimé en France sur les presses de l'imprimerie France Quercy,
sur Munken Print White 18, 80 g/m² d'Arctic Paper.
Dépôt légal : mai 2016
ISBN : 978-2-36405-138-6